LA VOIE DE LA PENSÉE INDIGÈNE

Titre original : *Think Indigenous.*
Publié pour la première fois en 2021 par Hay House.

Traduit de l'anglais par Pascale-Linda Steketee.

ISBN : 978-2-38135-127-8

www.editions-tredaniel.com
info@guytredaniel.fr
www.facebook.com/editions.tredaniel
@editions_guy_tredaniel
@vega_editions

Doug Good Feather

LA VOIE DE LA PENSÉE INDIGÈNE

Spiritualité des Natifs américains pour le monde moderne

Transcrit par Doug Red Hail Pineda

ÉDITIONS
VÉGA
19, rue Saint-Séverin
75005 Paris

J'ai écrit ce livre pour toi, mais, pendant que j'écrivais, j'ignorais que tu serais partie avant qu'il soit terminé et que ce que tu m'as enseigné occuperait une place si importante dans ma vie et mes écrits. Cassandra Ann Good Feather – Good Hearted Eagle Woman –, ma seconde fille, a reçu un diagnostic de leucémie à l'âge de 21 ans après avoir appris qu'elle était enceinte de mon petit-fils, Zuya Ohitika. La maladie a suivi son cours et entraîné son décès ainsi que celui de mon petit-fils, mais ma fille a fait preuve de beaucoup de force et de courage. Cassie était la guerrière la plus gentille que j'aie jamais connue ; sa vie et son sacrifice m'ont révélé ce qu'est le véritable amour. Cassie, je suis profondément reconnaissant que tu m'aies choisi pour être ton père, et en tant que tel, je veux te remercier et honorer ta vie en vivant de façon honorable et en partageant tout ce que j'ai appris. Jusqu'à nos retrouvailles.

– Ton humble père

SOMMAIRE

PRÉFACE

Nous voici arrivés ici, sur ce chemin spirituel – même si nous avons pris des voies très différentes. Il en va de même pour toute chose et tout le monde dans la vie. Nous suivons tous notre propre chemin, et pourtant nous arrivons souvent à la même conclusion. Peut-être cela sera-t-il également le cas pour vous.

Ce livre reflète ma façon de vivre. Je vis selon ces principes. J'ai été élevé dans la réserve indienne de Standing Rock et ses traditions autochtones; cependant, tandis que je grandissais, je n'avais aucune idée du cadeau que cela représentait. Je repense à la façon dont j'ai été élevé... J'ai été éduqué pour être un guerrier. Pour devenir ce guerrier, on ne m'a pas enseigné la guerre, mais l'amour, la compassion, la générosité, la force d'âme et le courage. On m'a appris tout ce que je devais comprendre pour pouvoir prendre soin de moi et devenir un défenseur de la paix et de l'amour.

Pour faire partie intégrante d'une communauté, vous devez commencer par prendre soin de vous-même. Les autres en bénéficieront, car ils n'auront pas à vous prendre en charge – c'est vous qui prendrez soin d'eux en leur transmettant les valeurs et les vertus qui vous ont été inculquées. L'autonomie et l'amour de soi viennent en premier. C'est la première étape.

Cependant, à mesure que nous prenons de l'âge, nous passons par différentes étapes de la vie et plusieurs rites de passage. Dans ma communauté, j'ai commencé par être un scout, une sentinelle qui surveillait le camp. Mon rôle était de protéger ma communauté en cas de danger. Si je n'avais pas appris l'amour de soi et l'autonomie, je n'aurais pas su aimer et avoir de la compassion pour les gens qui m'entouraient. Je devais m'aimer moi-même pour pouvoir aimer et protéger les autres.

Bien sûr, il m'est arrivé, au cours de ma vie, de l'oublier. Quand je suis rentré de la guerre en tant que vétéran, j'ai souffert de séquelles. Certaines blessures étaient visibles, d'autres non. J'avais été marié, mais mon mariage est devenu un autre dommage collatéral de cette guerre. J'ai dû passer par mon propre processus de guérison. C'est ma communauté qui m'a aidé à guérir. Je me suis replongé dans nos coutumes et traditions pour essayer de trouver des réponses, et je me suis rapproché de mes aînés pour qu'ils m'aident à guérir et à réintégrer mon esprit dans mon corps. J'ai pris conscience à quel point ce mode de vie, cette façon d'être proche des gens et de les accompagner, était efficace. C'est une approche de la vie naturelle et nourrissante. J'ai compris combien cette façon de vivre que je prenais pour acquise était puissante.

J'ai pris conscience que la force du mode de vie indigène s'appuyait sur la prière, sur une connexion directe avec Dieu, avec le Créateur. Lorsque j'étais enfant, ma communauté était profondément spirituelle, et nous allions à l'église; mais ce n'est que lorsque j'ai quitté la réserve que je me suis rendu compte que j'ignorais comment prier. Je pense que beaucoup d'entre nous sont ainsi. Nous allons à l'église, nous récitons des prières ou nous écoutons nos aînés prier, mais personne ne nous apprend à le faire par nous-mêmes. Quand l'heure est venue pour moi de quitter la maison, je me suis senti profondément perdu. Je ressentais le besoin de prier, mais j'avais été élevé avec les deux pieds dans deux mondes différents: l'un avec une église artificielle, et l'autre où nous avions des cérémonies autochtones axées sur la nature.

Je me suis adressé directement au Créateur. C'était la seule chose que je pouvais faire. Je lui ai dit: «Je ne sais pas comment prier, mais j'espère que tu m'entends. Je me tiens ici devant toi et je m'adresse à toi en espérant que tu entendes ma voix. Je te demande ta guidance, car je pars dans le monde, seul, et j'ai peur. Je me sens perdu, je ne me sens pas à ma place ici, ni nulle part. J'ai confiance dans le fait que tu me conduiras là où je dois être.»

C'est comme ça que j'ai appris à prier, simplement en parlant. Plus je le faisais, plus je me sentais à l'aise. Et, pour vous qui lisez ce livre, ma prière est la suivante : que vous gardiez confiance quand vous ne savez pas ce qu'il faut faire. Parfois, nous ignorons ce que nous devons faire et nous commettons des erreurs. Autrefois, lorsque je me trompais, il m'arrivait souvent de me punir. Mais ce n'est pas une attitude saine. Personne n'a dit que la vie était facile. Si c'était le cas, nous n'aurions ni besoin de prier, ni de spiritualité, ni de guérir.

J'ai commis des erreurs, mais ce sont elles qui m'ont permis de grandir, d'apprendre, de comprendre et de devenir une meilleure personne pour ma famille et ma communauté.

À mesure que je me suis imprégné des coutumes autochtones, j'ai compris que mon but était d'aider les gens de cette manière. J'ai appris à les enseigner aux autres. J'ai appris que je ne porte pas ces coutumes, que ce sont elles qui me portent. Quand on emprunte la voie rouge, il n'y a pas de place pour l'ego. Elle vous apprend à voir tout et tout le monde comme un parent. *Mitáyeye oyás'iŋ* signifie « l'unicité de tout ce qui a été créé par *Wakȟáŋ Tȟáŋka* », le Grand Mystère. Je vous invite maintenant à faire un voyage ensemble pour apprendre et guérir… Peu importe nos origines, peu importe la langue que nous parlons, nous apprendrons à nous considérer comme des parents. Il ne tient qu'à nous de faire de cette vie « une bonne vie ».

L'INTENTION

L'intention de ce livre est de permettre aux communautés de se développer. Il enseigne la philosophie amérindienne comme un moyen de retrouver le chemin de nos propres spiritualité et guérison naturelles. En réalité, la guérison n'est que le processus par lequel nous retrouvons le chemin de notre dessein originel. La guérison consiste à accepter les parties de soi-même qui sont dérangeantes ou blessées, et à découvrir qui nous sommes censés être et notre but sur Terre. Ce livre est né d'une vision prophétique. Chaque message est le fruit d'une prière qui a trouvé sa réponse lors d'une cérémonie.

La spiritualité autochtone peut vous aider à prendre conscience que vous n'avez pas besoin d'expérimenter une vie de souffrances pour trouver un sentiment de connexion et de paix. Vous pouvez y parvenir en écoutant simplement votre guidance intérieure. Cette guidance est en chacun de nous – que nous l'appelions « notre conscience », « notre intuition », « nos valeurs morales » ou « nos vertus », elle est présente en nous depuis que nous sommes nés. Nous sommes capables de sentir dans notre cœur si quelque chose est juste. Ce savoir n'a pas besoin d'être enseigné ; nous l'avons tous au fond de nous, nous avons seulement besoin qu'on nous le rappelle. Nous sommes tous humains, et nous possédons tous ce savoir inné. Ce savoir est la loi naturelle, l'intelligence spirituelle, et c'est le sujet de ce livre.

LA LOI DU CRÉATEUR

Il est essentiel que nous apprenions à maintenir l'équilibre entre la loi naturelle et le monde moderne, et à concilier notre passé avec le présent. Ces choses sont déjà parfaitement équilibrées en nous, de la même façon que la Lune est parfaitement équilibrée avec la Terre, et le Soleil avec les planètes.

Et cet équilibre – cet accomplissement de soi – commence en nous, par l'amour de soi et la confiance en soi-même.

Si vous n'êtes pas certain d'être sur la bonne voie (qu'il s'agisse de choisir le bon livre ou de faire les bons choix dans votre vie quotidienne), la loi naturelle du Créateur vous guidera et vous enverra des signes. Par exemple, peut-être avez-vous aperçu une libellule récemment ? La libellule est une messagère du monde des esprits. Elle transmet des conseils à ceux qui sont en quête d'épanouissement spirituel. Soyez attentif. Il est possible qu'en commençant la lecture de ce livre, elle se manifeste à différentes reprises. Nous espérons que ce livre apparaît dans votre vie, tout comme la libellule, au bon moment.

Le voyage commence – comme toujours – à l'intérieur de soi.

INTRODUCTION

LA SPIRITUALITÉ AUTOCHTONE

Mes aînés, permettez-moi de m'exprimer devant vous ;
je suis jeune et j'ai encore beaucoup de choses à apprendre.
Merci pour toutes les choses que vous m'avez enseignées
pour que ces coutumes demeurent vivantes.

— DOUG GOOD FEATHER

Beaucoup de personnes sont attirées par la sagesse – ancestrale et empreinte d'humilité – de la spiritualité amérindienne ; cependant, ce livre n'a pas pour but d'enseigner aux gens comment être « amérindien ». **L'intention de ce livre est d'aider les gens à établir un pont entre leur vie moderne et les profondes racines ancestrales de leur spiritualité innée.** En réalité, si nous remontions jusqu'à nos origines, nous découvririons une sagesse spirituelle profondément enracinée aussi bien dans l'Europe ancienne qu'en Afrique, en Asie, en Amérique du Nord et en Amérique du Sud, dans les pays insulaires, les nations arctiques et d'autres terres qui n'existent plus que dans les mythes et légendes. L'objectif de ce livre est de guider les gens dans un voyage spirituel personnel pour établir cette connexion, en utilisant leur propre héritage, leurs propres enseignements et leur propre mode de vie autochtone. Nous ne sommes pas tous des Amérindiens, mais chacun d'entre nous est un indigène de Terre-Mère.

La spiritualité autochtone n'est pas une religion, c'est une approche de la vie axée sur la nature, sur Terre-Mère et en accord avec les lois spirituelles de l'univers. Nous pouvons trouver une réponse à toute question importante, si nous apprenons comment et où regarder. Ceux qui empruntent *la voie de la pensée indigène* vivent sans être encombrés par les tentatives de l'homme d'exploiter et de manipuler l'intention du Créateur. La spiritualité autochtone est à la fois une pratique et un mode de vie. Aucun parti politique ne la contrôle, et aucun dogme religieux ne la dicte. Vous pouvez vous identifier à elle, quelle que soit votre religion. La sagesse autochtone nous enseigne des principes fondés sur le respect et la compassion pour tous les êtres. Elle nous apprend également à les intégrer dans notre vie quotidienne afin de pouvoir vivre une vie magnifique et une puissante relation avec les autres et le monde qui nous entoure. Mais revenons là où ce voyage a commencé.

LA QUÊTE DE VISION

Ce livre a vu le jour à la suite d'une prophétie que j'ai reçue lors d'une quête de vision que j'ai faite à Bear Butte, un lieu sacré dans les Black Hills du Dakota du Sud. Les peuples autochtones se sont rendus sur ce site depuis des milliers d'années pour y faire leurs quêtes de vision. Dans ma vision, le Grand Esprit m'a demandé de partager les différentes approches de la spiritualité amérindienne pour aider les personnes qui souffrent et qui ont besoin de se reconnecter à la sagesse de leurs racines spirituelles et de trouver la guérison. Ce livre est entièrement le fruit de cette quête de vision, qui fut une synthèse de nombreuses histoires, récits, philosophies et enseignements du monde entier, rassemblés dans un moment très profond – ce qui ne signifie pas que ce soit quelque chose de nouveau.

Ce moment n'a cependant pas été facile à atteindre. Environ un an avant que je fasse cette quête de vision, le syndrome de stress post-traumatique invalidant dont je souffrais m'avait conduit, un jour, à me retrouver allongé dans un fossé au bord de la route, en pleurs. Mais quelqu'un était arrivé, une main secourable qui m'avait aidé à me relever, qui avait brossé mes vêtements et qui m'avait sorti du fossé. Mais, quand je me suis relevé, il n'y avait personne.

Quelques semaines plus tard, un ancien m'est apparu en rêve et m'a dit de me préparer pendant un an pour une quête de vision – ce que je n'avais jamais envisagé de faire. Il m'a dit de passer cette année à réfléchir à ce que je voulais faire dans la vie, à l'impact que je voulais avoir dans ce monde, puis de me rendre dans les Black Hills pour y trouver des réponses.

Lors d'une quête de vision, vous ne consommez ni eau ni nourriture; vous vous consacrez entièrement à votre démarche spirituelle. Vous ignorez si ce qui vous attend de l'autre côté est la vie ou la mort, mais vous faites confiance au Créateur.

J'ai jeûné sur la montagne pendant quatre jours. Le deuxième jour, j'étais prêt à abandonner. J'avais le sentiment que j'allais mourir. Et, soudain, surgissant de nulle part, j'ai été entouré de minuscules papillons qui voltigeaient tout autour de moi. Ils étaient venus me soutenir, et mon doute et ma souffrance ont disparu.

Puis les papillons sont partis, et la souffrance est revenue. Mais un autre essaim est arrivé: des papillons plus grands, de toutes les couleurs – bleus, rouges, verts – m'ont enveloppé de compassion et ont chassé ma peur et ma douleur. Ils m'ont guidé tout au long de cette journée, et les heures m'ont paru être des minutes. Ils m'ont donné la force dont j'avais besoin pour rester sur cette montagne et honorer l'engagement que j'avais pris.

Le troisième jour, un oiseau bleu est apparu au lever du jour, en chantant une magnifique mélodie. En l'écoutant, j'ai été hypnotisé par son chant, et il m'a emmené vers ma vision, vers la source et la raison de ma quête. L'ancien qui était venu me voir dans mon rêve est apparu à nouveau et m'a dit: «C'est une bonne chose que tu sois venu. C'est moi qui t'ai sorti du fossé. Tu vas maintenant découvrir ta raison d'être – regarde.»

L'ancien a pointé du doigt au loin, et le sol sur lequel je me tenais s'est élevé. Je pouvais voir tous les habitants de la Terre plongés dans le chaos et le désespoir. «Regarde encore», m'a dit l'ancien. «Vous vous rendez malades. Pour que les gens puissent guérir, ils doivent être prêts à faire des sacrifices, à pardonner et à aimer.»

LA PROPHÉTIE DU PAPILLON

Ma vision est connue, chez mon peuple, comme « la prophétie du papillon », mais des prophéties similaires existent dans différentes cultures, et sous d'autres noms. Ces prophéties ont en commun trois messages fondamentaux : le premier est que Grand-mère Terre est en train de rétablir son équilibre face à la destruction écologique causée par l'homme ; le deuxième est qu'il est temps pour les gardiens de la sagesse de jeter des ponts entre les nations et de partager leur savoir ancestral pour aider à guérir l'humanité et à élever ses vibrations ; et le troisième est que de nombreuses personnes, issues de différentes nations et races, reconnaîtront les anciens enseignements autochtones et participeront à guérir l'humanité et à l'aider à franchir le seuil de cette nouvelle ère – une ère de connexion spirituelle plus profonde avec Terre-Mère et entre les hommes.

Les personnes auxquelles il est fait référence dans la troisième partie de la prophétie des papillons sont connues sous le nom de « semences d'étoiles » – des personnes qui se sont incarnées sur Terre avec un savoir inhérent du flux spirituel terrestre et céleste. En lisant les mots de la prophétie, les semences d'étoiles les trouveront étrangement familiers, et elles sentiront les battements de cœur de Terre-Mère résonner dans leur poitrine.

Nous nous adressons à vous personnellement. Ce livre n'est pas entre vos mains par hasard ; vous avez appelé ces enseignements à vous.

LA VOIE DE LA PENSÉE INDIGÈNE

La voie de la pensée indigène est une philosophie de vie autochtone traditionnelle au service du Grand Mystère, pour élever la vibration d'amour sur Terre-Mère. Nous sommes des hommes ordinaires, rien de plus. En tant qu'auteurs amérindiens, nous devons déclarer à nos aînés que nous ne divulguerons pas les secrets de nos coutumes indigènes, de nos enseignements ésotériques ou de nos cérémonies sacrées, afin qu'ils demeurent protégés. Nous ne partagerons donc ici que ce qui nous a été autorisé (des récits, des analogies, des métaphores et certains enseignements et expériences personnelles) afin d'aider le lecteur à se reconnecter avec sa propre spiritualité autochtone.

Dans notre monde moderne, la spiritualité autochtone est essentielle, car ces vastes et anciens savoirs peuvent nous aider à résoudre de nombreux problèmes actuels. L'une des raisons qui fait que nous rencontrons des problèmes pour lesquels nous ne semblons pas avoir de solutions adaptées est qu'avec l'évolution de l'humanité, les technologies nous ont séparés du monde naturel. Nous sommes de moins en moins capables de reconnaître notre source spirituelle originelle et de nous y connecter. Nous ne pensons plus en termes de responsabilités sociales à court terme ou de conséquences à long terme pour les générations futures – nous pensons en termes d'exploitation des personnes et de la planète ; notre perspective culturelle est régressive, et notre conception sociétale est prédatrice. *La voie de la pensée indigène* peut nous aider à nous reconnecter au savoir spirituel ancestral, à trouver un équilibre dans notre vie quotidienne, à vivre en harmonie avec notre environnement, à clarifier et déterminer nos objectifs, à renforcer notre intuition naturelle et nos capacités psychiques, et à attirer et accueillir tout ce qui est authentique et sacré. De nos jours, il n'y a probablement rien de plus important pour l'humanité et Terre-Mère que de réintégrer certains aspects essentiels de nos propres coutumes autochtones dans notre monde actuel et notre vie quotidienne.

Chaque culture a ses propres croyances. Ce qui unit toutes les cultures indigènes est la philosophie fondamentale selon laquelle nous devons vivre en harmonie avec Terre-Mère et en accord avec les lois naturelles de l'univers. Ces concepts spirituels essentiels s'appliquent à la plupart des sociétés humaines. Malheureusement, après les innombrables migrations de milliards de personnes à travers le monde sur de nombreuses générations, beaucoup d'êtres humains de notre époque ont perdu le lien avec la spiritualité originelle de leurs ancêtres. Bien que cette connexion ait été perdue au cours de l'Histoire, les guides spirituels que sont les semences d'étoiles continuent de veiller sur la mémoire des voies de Grand-mère Terre et de Grand-père Ciel.

La nature fondamentale de notre spiritualité autochtone collective est ce qui nous unit tous en tant que peuples ; et nous pouvons tous être assurés que le Créateur n'exige pas que quiconque soit né Amérindien pour comprendre et suivre la voie de la pensée indigène.

APPRÉCIER SANS S'APPROPRIER

La frontière est mince entre apprécier une culture et se l'approprier. S'approprier une culture signifie vouloir imiter la langue, la musique, les dessins, les symboles, les rituels, les traditions, les comportements et les styles vestimentaires distincts qui constituent les caractéristiques d'un groupe spécifique de personnes et de leur patrimoine. Lorsqu'une personne non originaire d'une culture spécifique s'approprie un aspect de celle-ci, elle insulte et déshonore tout ce que les peuples de cette culture ont vécu et enduré (l'amour et les pertes, les victoires et les défaites, les joies et les souffrances) pour créer ce patrimoine distinct et développer une identité culturelle unique.

Évoquer la spiritualité amérindienne est une façon d'aider les personnes qui vivent dans le monde actuel à se connecter à leur propre spiritualité innée. Nous n'invitons pas, ici, le lecteur à adopter la culture amérindienne comme la sienne. Pour nous, il est, par exemple, profondément insultant et irrespectueux qu'une équipe sportive, une université ou une entreprise s'approprient la culture amérindienne. Porter un costume traditionnel amérindien dans une fête, ou une coiffe de guerre dans un festival de musique, est purement et simplement considéré comme un acte de racisme. Encore une fois, être sensible à la culture amérindienne est une chose, mais adopter ou s'approprier son héritage comme si c'était le sien n'est pas acceptable – quelles que soient les circonstances ou l'intention sous-jacente.

Cela ne signifie pas que nos enseignements ne peuvent pas être honorés et utilisés, car ils sont universels. Des termes comme *la voie rouge (the Red Road), agir de la bonne manière (the good way), le cercle sacré (the Sacred Hoop)* et *la médecine (medicine)* sont communs à de nombreuses cultures depuis des milliers d'années, avec quelques légères variantes et interprétations. Ces termes sont, en quelque sorte, des raccourcis que nous utilisons pour résumer quelque chose qui possède une forte signification. Il nous est permis de les utiliser dans le cadre de ce livre et de ses enseignements. Abordons maintenant certaines de ces significations afin d'avoir une référence pour la suite de notre discussion à propos de la voie de la pensée indigène.

LA VOIE ROUGE

Beaucoup de personnes arrivent à un moment de leur vie où elles se demandent quel est le but de leur passage sur Terre. Elles ont atteint un carrefour ; et c'est là qu'elles vont découvrir la voie rouge et commencer leur *véritable* voyage. Nous disons de ceux qui se sentent appelés à vivre une spiritualité en harmonie avec la nature qu'ils « marchent sur la voie rouge ». Cela signifie simplement que leur existence est guidée par certaines vérités universelles et principes sacrés. Cette expression a également une forte signification pour les personnes qui utilisent ces vérités universelles et ces principes sacrés pour surmonter des situations extrêmement difficiles dans leur vie, comme le fait d'être sans abri, d'être victime d'abus ou de négligence extrêmes, de devoir affronter courageusement un préjudice moral, l'anxiété ou un état dépressif, ou qui font face à leur addiction en faisant le choix chaque jour de rester sobre.

Agir de la bonne manière

« Agir de la bonne manière » est une expression utilisée conjointement avec « marcher sur la voie rouge ». Tandis que « marcher sur la voie rouge » signifie que nous sommes sur un vertueux chemin d'apprentissage des vérités universelles et des vertus sacrées, « agir de la bonne manière » signifie que nos actions et nos comportements quotidiens sont en accord avec ces enseignements, cette morale et ces vertus. Ces actions et comportements sont aussi profonds que simples, aussi puissants qu'humbles, et aussi sacrés que communs. Ce sont des vertus vivantes qui ne s'achètent pas et ne sont pas à vendre ; soit nous les vivons, soit nous ne les vivons pas.

LES SEPT DIRECTIONS SACRÉES ET LE TRIPLE SENTIER

Le Créateur a conçu de nombreux chemins vers la spiritualité ; *la voie de la pensée indigène* n'est que l'un d'entre eux. Quel que soit le chemin que nous empruntons, toutes les voies nous enseignent à reconnaître notre connexion avec le Créateur en tant que sa création, la raison pour laquelle nous sommes ici, et ce que nous sommes censés faire.

Le cercle sacré de la vie et les sept directions sacrées qui le composent nous aident à mieux appréhender la vie et à élargir notre perception et nos connaissances relatives à la Création et au Créateur. Les sept directions sacrées – est, sud, ouest, nord, haut, bas et centre – sont de puissantes forces d'énergie universelle qui interagissent de manière dynamique avec tout ce qui se trouve dans notre environnement, ainsi qu'avec notre conscience humaine. Toutes ces énergies, forces – quel que soit le nom que vous leur donnez – sont en constante interaction entre elles et avec tous les êtres qui vivent sur notre Terre-Mère.

Dans le dernier chapitre de ce livre, nous intégrerons la pensée indigène dans la vie moderne à travers trois voies connexes qui composent ce que nous appelons « le triple sentier » :

- **La voie des sept générations :** *vivre en pleine conscience* est une formule utilisée de nos jours, qui renvoie à un ancien mode de vie en harmonie avec les lois de la nature, et à la façon dont nos choix et nos décisions vont influer sur les sept prochaines générations. *Vivre en pleine conscience* prend également en considération les nombreuses générations qui nous ont précédés. Celles-ci nous servent d'exemples quant à ce qu'il faut faire et ne pas faire, afin que nous puissions éviter les erreurs du passé et ainsi permettre à la joie et au succès de se manifester plus rapidement.

- **La voie du bison :** *la consommation responsable* est une expression utilisée de nos jours pour désigner les anciennes coutumes où tous les êtres sur Terre-Mère étaient respectés et honorés. Cette voie nous apprend à exercer notre intention et à faire preuve de réflexion concernant notre impact sur la Terre, ainsi qu'à marcher sur le chemin de la vie en ayant conscience du principe circulaire. *La consommation responsable* concerne notre capacité à nous nourrir et à prendre soin de nous-mêmes en conscience, ainsi qu'à être les gardiens des choses et des êtres qui nous ont été confiés.
- **La voie de la communauté :** *l'impact collectif* décrit le processus consistant à trouver sa vérité et à faire partie d'une communauté partageant les mêmes idées. Cette voie nous apprend comment élever notre conscience et devenir un exemple vivant de la vérité en action. Elle nous enseigne également ce qu'est l'activisme et comment mettre en lumière les crimes perpétrés contre notre Terre-Mère et contre nos parents originaires de toutes les nations.

En développant ces voies spirituelles, vous apprendrez à mener une vie qui vous permettra d'être plus heureux. Il existe de nombreuses approches spirituelles, le triple sentier en est une parmi d'autres, mais c'est une bonne voie.

CHAPITRE I

LE CRÉATEUR ET LE CERCLE SACRÉ DE LA VIE

Le Créateur porte de nombreux noms – Dieu, Jéhovah, Allah, Yahvé, le Grand Esprit, et bien d'autres encore –, mais tous convergent vers un concept universel, celui d'une énergie divine suprême. Cette énergie est tissée dans la trame de tout ce que nous sommes et de tout ce qui est, de tout ce qui a toujours existé et de tout ce qui existera à jamais. Le mot que nous utilisons en lakota pour désigner cette énergie divine suprême est *Wakȟáŋ Tȟáŋka*, ou « le Créateur ».

Le Créateur n'est ni masculin ni féminin, mais un équilibre entre tout ce qui est masculin et féminin. Plus précisément, le Créateur ne peut être défini ou représenté de façon spécifique, mais il est le point d'harmonie et d'équilibre de *toute* énergie, y compris le point de singularité où toute énergie s'exprime et est accessible par un état de conscience divin. **Le Créateur est la conscience qui permet à la fois l'existence de toute chose et la contemplation de l'existence de toute chose. Le Créateur – le Grand Esprit – est chaque chose, l'espace entre chaque chose, et le potentiel de chaque chose.** En tant qu'êtres spirituels dans une forme physique, nous sommes tous une manifestation parfaite du Créateur que nous avons choisi de cocréer. Notre but, dans la vie, est d'exprimer la plus haute et meilleure version de qui nous sommes dans cette vie que nous avons choisie.

La spiritualité amérindienne n'étant pas une religion mais un mode de vie spirituel, il n'y a pas d'« enfer », ni de règles, de conditions ou d'exigences particulières pour obtenir un laissez-passer pour les coulisses du « paradis ». Selon la philosophie indigène, dans notre vie physique et terrestre, nous suivons la voie rouge et, lorsque nous passons dans l'autre monde et retrouvons notre forme spirituelle, nous sommes sur la voie bleue. Là encore, chaque culture utilise ses propres termes, mais nous honorons tous nos ancêtres par un nom qui désigne la conscience collective de tous les êtres : le Grand Esprit. Le terme moderne de *Big Bang* est simplement une théorie pour aider les humains à comprendre le moment où la conscience quantique (la conscience latente) est devenue consciente d'elle-même. La conscience collective est désignée comme le Grand Esprit ; et la Conscience de cette conscience, comme le Grand Mystère. Le Grand Esprit est la toile de la vie, et le Grand Mystère est le lieu où toutes choses sont créées et où elles retourneront. C'est une version indigène du paradis, mais un paradis sans portes ni gardien ; c'est simplement « l'autre côté » de ce côté. On s'accorde à dire que c'est un lieu de félicité, merveilleux et parfait, mais il reste cependant un mystère pour l'esprit mortel. Notre magnifique connexion avec le Grand Mystère se développe à travers les leçons qui nous sont offertes par Grand-mère Terre et Grand-père Ciel. Lorsque notre temps se termine dans cette forme physique, notre corps réintègre le cercle de la vie par les voies de Grand-mère Terre, et notre âme retourne au Grand Mystère dans le royaume céleste de Grand-père Ciel.

LE CRÉATEUR EXISTE-T-IL VRAIMENT ?

Le fait que nous croyions ou non au Créateur n'a finalement que peu d'importance, car il existe au moment même où nous nous demandons s'il existe. Dès l'instant où nous concevons quelque chose, cette chose est créée. Ainsi, dès l'instant où nous posons la question : « Le Créateur est-il réel, Dieu existe-t-il ? », il existe.

Beaucoup de gens ne se satisferont pas de notre description de Dieu, le Créateur, qui leur semblera trop imprécise ; ni de notre raisonnement sur l'existence de Dieu. Revenons donc à une logique linéaire.

Le Créateur ne peut être réduit à une équation de physique ou à un théorème mathématique. Mais, pour ceux qui ont besoin de preuves, ils pourront en obtenir grâce à la physique quantique. La physique classique traite des propriétés et de la mécanique de l'univers, c'est-à-dire des phénomènes physiques des particules et des ondes qui font partie du domaine physique. Cependant, c'est la physique quantique qui détient la connaissance de l'espace qui se trouve entre ces particules et ces ondes, c'est-à-dire l'invisible, l'inconnu et la dimension mystique.

Lorsque les humains tentent d'analyser les concepts et les structures d'un système écologique ou naturel, un étrange nombre revient sans cesse : 1,618. Ce rapport $A/B = (A + B)/A = 1{,}618$ se retrouve partout dans la nature – que ce soit dans la forme d'un coquillage, la trajectoire d'un électron, une corne de bison, ou la division et la multiplication des cellules. Et on ne le retrouve pas seulement dans les systèmes naturels, mais aussi dans l'histoire de nos ancêtres d'un point de vue anthropologique. Les peuples égyptien, aztèque, olmèque, maya et inca ont tous utilisé le ratio 1,618 pour déterminer les dimensions de leurs pyramides et autres ouvrages sacrés. Aujourd'hui, les universitaires ignorent si ces anciennes cultures autochtones étaient parvenues à comprendre cet ordre caché par leur relation avec le monde naturel qui les entourait, par leur intelligence spirituelle, par une initiation reçue du peuple des étoiles, par une transmission psychique des Êtres divins, ou par un autre moyen. Cependant, nous savons que ce nombre est présent partout, dans le monde spirituel et le monde physique, depuis le début de l'Histoire.

Ce nombre divin – 1,618 –, que l'on retrouve partout dans la nature, a reçu divers noms au cours du temps : le « nombre d'or », « Phi », la « section dorée », la « séquence de Fibonacci » ou la « divine proportion ». Et ce ne sont là que quelques-uns des noms que nous connaissons. Nos aînés autochtones nous disent que certaines connaissances et formules mathématiques avancées sont antérieures de plusieurs milliers d'années à leur existence enregistrée et qu'il en existe encore d'autres, mais qu'elles ne sont pas prêtes à être redécouvertes dans un futur proche.

Le nombre d'or est un concept mathématique que l'on retrouve partout dans la nature, comme un indice ou un clin d'œil du Créateur. Par définition, un *concept* implique l'existence d'un *concepteur*, ou le fait que quelqu'un ou quelque chose a créé et intégré ce concept dans les systèmes naturels de l'univers. La divine proportion – 1,618 – est une empreinte digitale qui a été laissée comme preuve que le Créateur existe réellement. Ainsi, quel que soit ou qui que soit ce « concepteur » pour vous, il est le Créateur.

Dans notre monde, qui fonctionne en suivant une logique linéaire, beaucoup de gens ont besoin de voir pour croire ; en revanche, pour ceux qui suivent un chemin spirituel, il leur faut souvent croire pour voir. Beaucoup de gens qui ne s'appuient que sur la croyance sont souvent dans la peur et ne vivent jamais ce à quoi ils aspirent tant. Les esprits analytiques et autoritaires du monde cherchent désespérément à contrôler l'ordre naturel des choses institué par le divin. En conséquence, sans une profonde confiance dans la voie que nous avons choisie, nous pouvons nous sentir sans protection et vulnérables, et éprouver un fort désir de retrouver un sentiment de sécurité, de prévisibilité et de contrôle sur notre vie.

Même si nous savons intellectuellement que toute garantie de sécurité, de prévisibilité et de contrôle est une illusion dans notre monde actuel, notre tendance à l'ignorer – notre dissonance cognitive – nous permet de dormir la nuit et de ne pas sombrer dans la panique. Le problème est que sans confiance en notre spiritualité innée – non pas la spiritualité de quelqu'un d'autre, mais la nôtre –, la dissonance cognitive qui nous permet de survivre finira par se manifester par un état dépressif ou de l'anxiété; ce qui entraînera de la souffrance, voire pire. En essayant continuellement d'ériger des murs et de définir des règles autour de la spiritualité et de lui appliquer des formules et des théories, nous continuerons à chercher un coin sûr pour nous réfugier dans une pièce circulaire.

Les humains spirituellement déconnectés tentent de définir le Créateur à travers des modèles et des histoires qui profitent souvent à des agendas politiques et financiers égoïstes. Les entreprises et les organisations – en particulier dans les domaines de la politique, de la science et de la religion – cherchent à organiser le Créateur avec des systèmes et des procédures, des règles et des normes, des récompenses et des punitions, afin de nous faire croire que la sécurité, la prévisibilité et le contrôle font partie de leur modèle de salut.

Mais le monde possède déjà sa propre organisation naturelle et sacrée qui n'a rien à voir avec les opinions et les théories avec lesquelles ces personnes ont structuré leurs entreprises, leurs gouvernements ou leurs institutions religieuses. L'organisation spirituelle naturelle se manifestera à mesure que nous retrouverons notre connexion à notre propre spiritualité autochtone. La divine proportion (1,618) et autres géométries sacrées sont le langage indigène de l'univers quantique. Si nous écoutons l'univers, il nous guidera sur notre propre voie spirituelle, et nous découvrirons que nous avons, nous aussi, un dessein originel. Nous comprendrons que nous sommes appelés à vivre des relations divines et à remplir des rôles sacrés déjà établis par le Créateur.

Concentrons-nous maintenant sur un sujet tabou: la religion.

Au cours des derniers millénaires, les religions organisées ont eu la mainmise sur notre relation spirituelle personnelle avec Terre-Mère. En réalité, les religions ont détourné notre nature spirituelle profonde. Les chefs religieux nous ont fait croire qu'ils voulaient que nous ayons une relation personnelle avec Dieu, mais ils ont créé des systèmes et des procédures pour nous contraindre à adopter leur propre modèle de salut spirituel collectif.

Ce n'est pas que toute religion soit mauvaise. En réalité, chaque fois que nous nous rassemblons pour prier, nous agissons en accord avec les principes universels naturels qui nous permettent de nous connecter avec l'Esprit par l'union et la gratitude. Si une religion organisée nous apporte un profond sentiment de paix, de bien-être et de connexion avec Dieu, il n'est évidemment pas nécessaire d'abandonner cette croyance pour pouvoir suivre la voie de la pensée indigène. Mais, lorsque nous nous sentons suffisamment à l'aise pour nous éloigner des dogmes religieux, nous pouvons alors expérimenter la présence permanente du Créateur, sans l'apparat, les punitions, les règles et la doctrine de la foi obéissante qui font si souvent partie des religions organisées.

Nous sommes des êtres spirituels dans une forme physique; nous savons déjà comment nous connecter à l'Esprit. Il nous suffit de nous rappeler ce que nous avons toujours su en réapprenant à penser comme nos ancêtres autochtones. Pour ce faire, nous devons commencer par comprendre le mouvement sacré au sein duquel toute forme de vie a sa place et son rôle: le cercle sacré de la vie.

LE CERCLE SACRÉ DE LA VIE

La science et l'Esprit nous apprennent que tout est énergie, et que toute énergie est une énergie potentielle. Nous ne pouvons ni créer davantage d'énergie ni en supprimer, car elle se transmute elle-même pour prendre différentes formes. On a également découvert que l'énergie se comporte comme la lumière, jusqu'à ce qu'on l'observe. Elle est ensuite perçue comme matière; ce qui, en d'autres termes, signifie que nous pouvons changer la signature énergétique de ce que nous observons en changeant notre intention. Les autochtones amérindiens évoquent la connexion qui existe entre la spiritualité et l'énergie à travers l'histoire du cercle sacré de la vie, car c'est lui qui nous enseigne notre connexion spirituelle avec l'univers. Comme c'est le cas pour toute énergie, la vie humaine est un mouvement continuel en spirale qui passe par plusieurs étapes successives. La relation que les êtres entretiennent en conscience avec le mouvement de cette énergie divine est connue comme « le cercle sacré de la vie ».

Le cercle sacré représente également le mouvement sacré de toutes choses qui font partie de la toile quantique de la conscience. Cela peut paraître compliqué, mais c'est très simple en réalité.

Essayez de le visualiser de cette façon : **chaque fois que deux éléments s'assemblent, un cercle se forme. Il peut s'agir de deux personnes, de deux atomes ou de deux forces naturelles. Chaque fois que deux entités, ou plus, partagent un espace, un cercle se forme, et leur relation est régie par les lois sacrées du cercle infini.**

Toute forme de vie n'est qu'une fractale de cercles concentriques multidimensionnels en constante expansion, qui s'effondrent et se reproduisent dans le cycle perpétuel naissance/mort/renaissance. Au centre du cercle sacré de la vie se trouve notre moi distinct et unique. Nous sommes chacun un point de singularité – le centre de notre univers, une extension du Créateur immortel qui se manifeste en tant que création humaine mortelle sous cette forme particulière.

À partir du centre, depuis notre singularité personnelle, émanent les quatre directions cardinales, et nous sommes également ce point de connexion où la Terre rejoint le Ciel. Ensemble, ces puissantes forces d'énergie universelle constituent les sept directions sacrées : l'est, le sud, l'ouest, le nord, le haut, le bas et le centre. Chacun de nous est un espace sacré à travers lequel chaque élément de l'univers circule et se reflète, offrant des réponses et différentes perspectives, ainsi qu'un sens à notre vie.

En tant qu'instruments sacrés de la Création – comme les os creux d'un aigle –, nous nous trouvons dans cet espace où le haut se confond avec le bas et où les directions sacrées se croisent et se traversent. Nous sommes l'espace dans ce centre ; nous sommes l'œil de la tempête. Être présent à cette harmonie des énergies universelles – le cercle sacré de la vie – demande de la conscience, de l'attention et de la pratique. C'est ainsi que nous suivons la voie de la pensée indigène.

Je me tenais sur la plus haute des montagnes, et,
tout autour de moi, se trouvait le grand cercle du monde.
Et, pendant que je me tenais là, j'ai vu plus que je ne peux
l'exprimer, et j'ai compris plus que je n'ai vu, car je voyais
en esprit les formes de toutes choses et la forme de toutes les formes
qui sont appelées à vivre ensemble comme un seul Être.
Et j'ai vu que le cercle sacré de mon peuple était l'un
des nombreux cercles qui formaient un cercle grand
comme la lumière du jour et celles des étoiles,
et au centre duquel poussait un puissant arbre en fleur
pour protéger tous les enfants d'une mère et d'un père uniques.
Et j'ai vu que tout était sacré.

— Heȟáka Sápa (Black Elk/Élan Noir)

Tout au long de notre vie, nous construisons nos cercles sacrés, et ces cercles rejoignent d'autres cercles sacrés ; et, ensemble, ils forment une sphère. La sphère est une forme géométrique sacrée qui occupe l'espace en trois dimensions, et pourtant sa mesure – le nombre Pi – est infinie. La sphère est la forme originelle du Créateur qui contient toutes les autres formes de la Création.

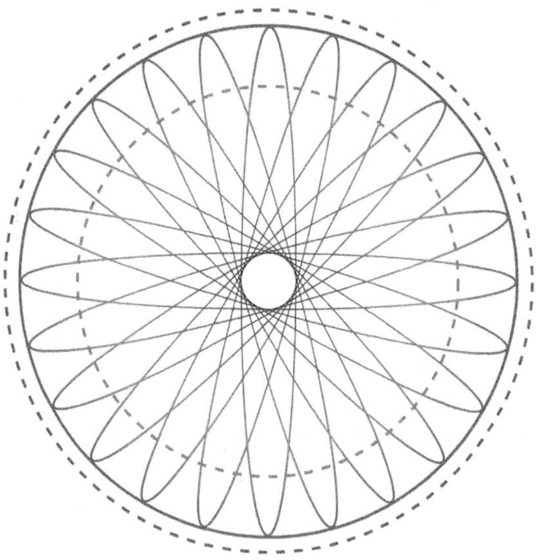

Le cercle sacré nous connecte à cette sphère, le Tout. La façon dont nous agissons n'influe pas uniquement sur notre vie personnelle. Chacune de nos actions engendre une série de réactions en cascade qui se poursuivent bien au-delà de ce que nous pouvons percevoir, et elles peuvent avoir de graves répercussions imprévisibles.

Cette compréhension du cercle sacré de la vie nous permet d'explorer et d'approfondir davantage l'ancien savoir indigène relatif au cycle naissance/mort/renaissance de toute énergie dans l'univers.

MITÁKUYE OYÁS'IŊ

Mitákuye oyás'iŋ est une expression indigène lakota qui signifie à la fois « nous sommes tous reliés » et « tout est connecté ». Il existe plusieurs façons de prononcer ces mots, en fonction des circonstances, mais la version communément admise se prononce « Me-talk-oo-yay oy-yaw-sin ». Cette expression fait référence à la connexion entre les cercles et les sphères, au fait que tous les êtres et toutes choses, visibles et invisibles, sont interconnectés et intrinsèquement reliés ; pas uniquement les humains, mais toutes choses dans leur ensemble.

Mitákuye oyás'iŋ (nous sommes *tous* reliés et nous sommes *tous* interconnectés), tous : les humains à deux jambes, les êtres à quatre pattes, à nageoires et à plumes, ceux qui rampent, les arbres et tous ceux qui ont des racines, les pierres et les minéraux, les élémentaux…, tous. Cela inclut également les forêts, les rivières, les océans, les prairies, les déserts, les montagnes et les vallées…, tout. *Mitákuye oyás'iŋ* est une prière pour l'harmonie de toutes les formes de médecine, d'esprit et de vie.

La meilleure façon de pratiquer *Mitákuye oyás'iŋ* est essentiellement d'être bienveillant envers les autres. Nous sommes capables de nous adapter aux autres et aux situations qui se présentent, mais, au-delà de ça, notre premier engagement devrait être de faire preuve de bienveillance les uns envers les autres, car nous *sommes* tous les uns les autres, et nous partageons tous la même mère : notre Terre-Mère. C'est elle qui nous relie les uns aux autres par la bonté qu'elle incarne. C'est pourquoi la bonté est la qualité spirituelle intrinsèque de ceux qui suivent la voie de la pensée indigène.

LA MÉDECINE

Il y a beaucoup de malentendus et de désinformation concernant la *médecine*. Ce mot est souvent utilisé d'une mauvaise façon par certains prétendus chamans, gourous New Age et divers soi-disant guérisseurs ; et son sens a été détourné par l'industrie pharmaceutique.

La médecine est **l'essence**, et l'essence est la caractéristique distincte et la plus condensée de quelque chose d'unique. Chaque chose dans ce monde possède une énergie naturelle, et celle-ci se présente sous des formes positives et négatives, ainsi que sous des formes masculines et féminines. L'essence est créée lorsque des liens sont formés, et elle est libérée lorsque les liens sont rompus. Ces liens peuvent se présenter sous la forme de relations, d'idées, de molécules ou d'un éventail de circonstances où des éléments se rassemblent ou se séparent.

Lorsque deux éléments positifs s'assemblent, l'essence qui en résulte est une bonne médecine, et elle constitue le fondement de l'amour, de la santé et de la guérison. Une bonne médecine est tout ce qui peut favoriser la guérison, le bien-être et l'amour. Une bonne médecine peut être aussi simple que de sourire à quelqu'un qui en a besoin (même de se sourire à soi-même dans un miroir). Nos erreurs peuvent aussi être une bonne médecine, car d'une part nous en tirons des leçons personnelles, et d'autre part nous pouvons aider les autres en leur transmettant ce que ces erreurs nous ont appris. Une bonne médecine, c'est aussi passer du temps avec un ami cher ou un frère-animal, se promener dans la nature, nager, faire l'amour, rire, savourer un bon repas ou nourrir de bonnes pensées et intentions pour une autre personne. Les molécules sont un autre exemple d'une bonne médecine. Les atomes d'hydrogène et d'oxygène sont distincts, mais, lorsqu'ils se lient entre eux dans l'ordre donné, ils forment une molécule qui permet à toute vie d'exister : H_2O, l'eau. Une bonne médecine est l'essence qui est générée lorsqu'au moins deux éléments s'unissent et produisent quelque chose de bon et de positif.

Lorsque deux éléments négatifs s'unissent ou se dissocient, l'essence générée ou libérée devient une mauvaise médecine, source de colère, de douleur et de souffrance. Cette mauvaise médecine est, par exemple, produite lorsque deux personnes ayant des besoins auxquels l'autre ne peut répondre (besoins négatifs) s'unissent et créent une relation abusive, comme c'est le cas lorsque deux êtres fortement codépendants forment une relation qui conduit à des comportements violents. Des mauvaises intentions peuvent libérer une mauvaise médecine, par exemple lorsque des gouvernements divisent l'atome pour l'utiliser dans des armes de destruction massive, ou lorsque des parents se séparent et utilisent leurs enfants comme moyens de pression pour infliger à l'autre de la douleur et de la souffrance.

Vient ensuite la question de savoir ce qu'il se passe lorsqu'un élément positif et un élément négatif s'assemblent. Lorsque le bien et le mal s'unissent – comme c'est souvent le cas –, l'essence est déséquilibrée et désalignée. La raison pour laquelle ces deux éléments opposés sont attirés l'un par l'autre est que chacun possède quelque chose que l'autre n'a pas. Par exemple, peut-être que l'une des parties a besoin de contrôler, et que l'autre a un besoin d'être contrôlée ; ou que l'une apporte une certaine forme d'attention et de sécurité, et que l'autre a besoin de cela. Une personne qui a été victime d'abus sexuels dans le passé peut se trouver dans une relation avec quelqu'un qui n'est peut-être pas l'idéal pour elle ou qui ne la rend pas heureuse, mais qui a la capacité physique de la protéger et de lui procurer un certain sentiment de stabilité et de sécurité. Lorsqu'une personne ressent un vide, elle cherche à le combler. Lorsqu'une énergie positive et une énergie négative s'assemblent, le lien est faible et instable, et la rupture inévitable de ce lien peut s'avérer explosive. Le moyen de guérir ce vide est de reconnecter notre esprit avec l'ancien savoir selon lequel nous sommes tous déjà parfaits et complets tels que nous sommes.

Maintenant que nous avons une compréhension de base de la médecine indigène, nous pouvons parler de l'esprit.

L'ESPRIT

L'esprit est la représentation collective de diverses médecines agissant ensemble, celles-ci formant une entité ou un environnement spirituel distinct. Imaginez une masse d'eau composée d'innombrables molécules d'eau. Cette masse d'eau peut prendre la forme d'un océan, d'une rivière, d'un lac ou d'une simple flaque. L'esprit est le résultat de toutes les médecines que cette masse d'eau accueille, nourrit et préserve. Lorsque nous parlons de l'esprit d'une rivière, nous nous référons à l'être collectif qui est l'association de plusieurs médecines : la médecine des microbes qui fourmillent dans le lit de la rivière riche en nutriments, la médecine des insectes aquatiques qui vivent sous les rochers, la médecine des plantes aquatiques qui absorbent du dioxyde de carbone et rejettent de l'oxygène pour l'offrir aux autres créatures, et la médecine des castors, des poissons, des grenouilles et des tortues que l'eau sacrée accueille. La médecine collective de tous ces êtres qui vivent en harmonie les uns avec les autres dans cet espace est ce que nous appelons « esprit ». De la même manière, les médecines collectives qui composent une forêt sont l'esprit de cette forêt, les médecines collectives qui composent une tribu de personnes sont l'esprit de cette tribu, les médecines collectives qui composent une montagne sont l'esprit de cette montagne, et ainsi de suite.

L'esprit représente l'harmonie et l'organisation naturelles de Grand-mère Terre ; et lorsque nous perturbons cette harmonie naturelle, nous générons de la souffrance et un déséquilibre. Lorsque notre société a besoin d'une source d'énergie abondante, elle la puise dans une ressource limitée d'énergie fossile, comme le pétrole ou le gaz. Nous créons alors de la souffrance et des déséquilibres qui aboutissent à diverses catastrophes et finissent par générer des maladies. Par exemple, la construction de barrages bloque les voies de migration de nos frères-saumons, engendrant des souffrances et des déséquilibres en cascade dans de nombreux écosystèmes. Ces souffrances et ces déséquilibres sont souvent le résultat de l'ignorance et l'œuvre de ceux qui sont infectés par la maladie de la corruption et de la cupidité.

Nous pouvons contribuer à ramener l'harmonie et l'équilibre de Grand-mère Terre en commençant par nous connecter à chacune des sept directions du cercle sacré.

LA VOIE DE LA PENSÉE INDIGÈNE

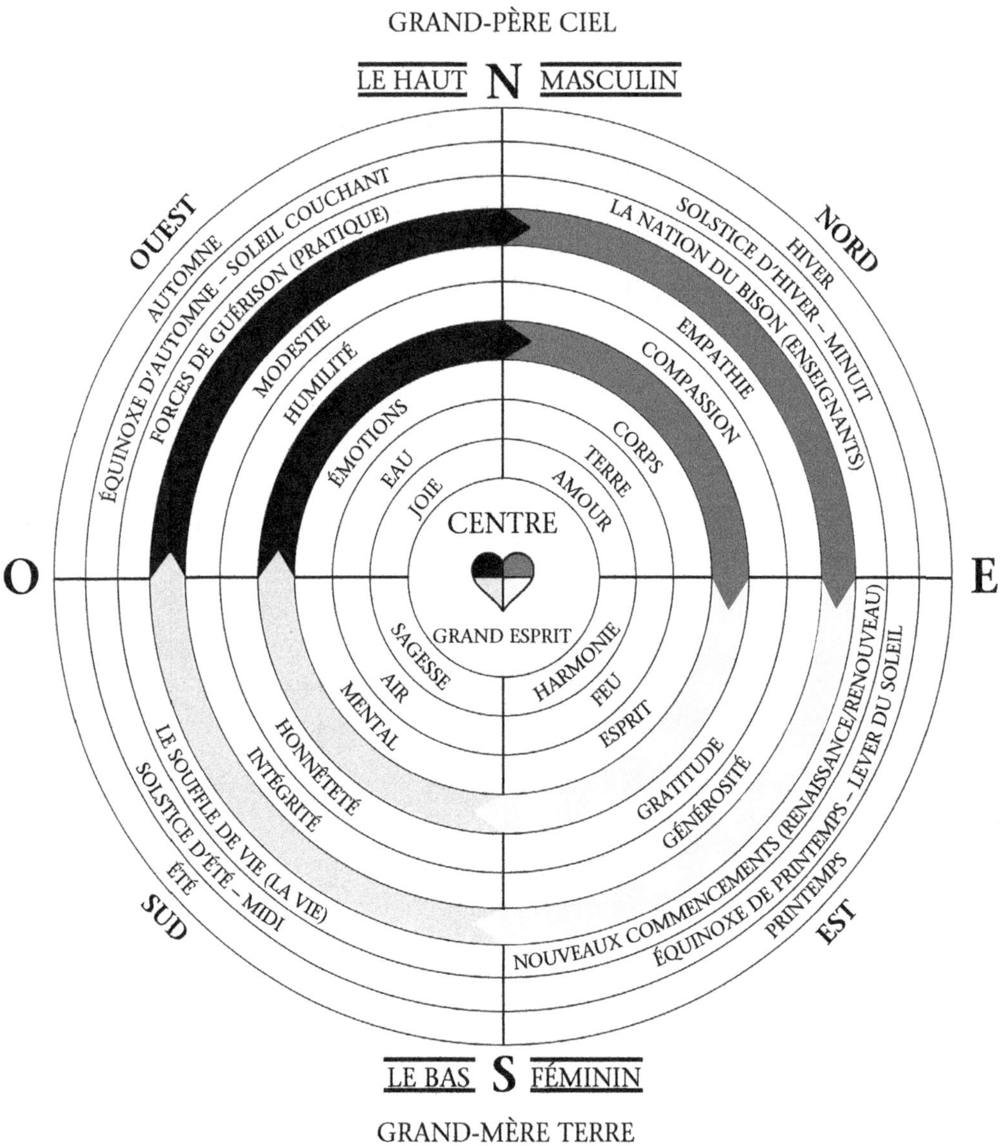

CHAPITRE II

WIYOHINYANPATA – EST

NOUVEAUX COMMENCEMENTS

Voyez, mes frères, le printemps est venu;
la Terre a reçu l'étreinte du soleil,
et nous verrons bientôt les fruits de cet amour!
Chaque graine s'éveille et de même chaque animal prend vie.
C'est à ce mystérieux pouvoir que nous devons,
nous aussi, notre existence; c'est pourquoi nous concédons
à nos voisins, même à nos voisins animaux,
le même droit que le nôtre d'habiter cette Terre.

— Tȟatȟáŋka Íyotake (Sitting Bull)

LE PRINTEMPS

Tandis que la vie tourne autour de la roue de médecine, des signes commencent à apparaître et les êtres-tonnerre réveillent la Terre, appelant tous les êtres à se réveiller et à prendre un nouveau départ.

Nos frères-cerfs et nos frères-wapitis perdent leurs bois, et nos aînés, nos frères-ours, laissent des traces de pattes distinctes sur les berges des rivières et des lacs ; autant de signes subtils annonçant que le mouvement sacré de toute chose entre dans une nouvelle saison. Au printemps, le peuple du tonnerre et de la foudre arrive avec un message clair nous invitant à être attentifs, car Grand-mère Terre est sur le point de célébrer le renouvellement de la vie.

Pour nous, les humains, ces mois représentent un temps de régénération, de rééquilibrage et de renaissance. Cette période est propice aux nouveaux commencements, mais cela va au-delà d'un beau sentiment. Si nous apprenons à sentir intuitivement les changements des énergies de renouvellement de cette saison et commençons à vivre en alignement avec les mouvements sacrés de la Terre et de la Lune, le pouvoir de ces événements saisonniers et célestes nous insufflera une nouvelle vie de façon profonde et puissante.

Nous vivons une époque où de nombreuses personnes ont dévié de leur chemin spirituel et ont perdu toute connexion avec les cycles saisonniers et célestes. La bonne nouvelle est que nous pouvons facilement rétablir notre relation avec la Terre et les étoiles, car la mémoire de cette connexion est inscrite dans notre sang et notre mémoire ancestrale. En apprenant à suivre le rythme de notre propre spiritualité innée, nous pouvons sentir l'influence de la lune et prendre pleinement conscience de notre connexion avec le soleil. Nous avons peut-être oublié les paroles de notre chant originel, mais nous pouvons en fredonner la mélodie jusqu'à ce que nous retrouvions la mémoire.

Cette période de renaissance et de renouveau est accompagnée par une source d'énergie primordiale, la plus puissante et la plus pure : le soleil. Le soleil est le porteur de lumière, et tout ce qui naît de la lumière commence à l'est. L'est est la direction sacrée où nous saluons le soleil et la lumière d'un nouveau jour. Chaque matin nous offre la possibilité de repartir sur de nouvelles bases, de recommencer à zéro. Chaque matin, lorsque nous nous réveillons, si nous choisissons d'écouter, nous pouvons entendre le message du Créateur qui nous rappelle le privilège qui nous est accordé de nous éveiller. Ce rappel nous invite à nous lever, à nous honorer, à nous préparer à sortir dans le monde extérieur, à nous connecter à Terre-Mère et au cœur des autres êtres, à inspirer et encourager ceux qui croisent notre chemin et, surtout, à apprécier la vie.

La trajectoire que le Soleil effectue chaque jour dans le ciel est plus qu'un simple événement céleste, c'est une expérience universelle et une puissante médecine partagée par tous les êtres humains sur la planète. Si, chaque matin, l'humanité tout entière honorait le cadeau de ce nouveau départ, cela suffirait pour guérir le monde. Le soleil est l'une de nos plus grandes médecines : il est notre espérance, il nous donne la vie et nous guérit. Malheureusement, une grande partie de l'humanité ne sait pas apprécier sa présence quotidienne, et, souvent, la façon la plus rapide d'apprendre à apprécier quelque chose que nous avons tendance à considérer comme acquis est de le perdre soudainement.

Lorsqu'une éclipse solaire est prévue sur le calendrier, les jours qui la précèdent, c'est le principal sujet de conversation. Il y a la ruée habituelle pour trouver des lunettes en carton. Puis, le jour venu, les gens sortent de leurs écoles, de leurs lieux de travail et de leurs maisons pour contempler Père Ciel et observer la lune qui avale le soleil. Et, lorsque le soleil disparaît pendant quelques minutes, on entend des cris et des applaudissements, car ce bref événement céleste nous reconnecte à notre spiritualité innée, et nous éprouvons un sentiment d'admiration et d'émerveillement.

Mais, quand on y réfléchit, le soleil ne disparaît que quelques minutes pendant l'éclipse, alors qu'il disparaît pendant des heures chaque nuit ! Imaginez que nous ayons tous ce même sentiment d'admiration et d'émerveillement lorsque le soleil se lève chaque matin. Ne devrions-nous pas ressentir ce sentiment d'émerveillement, de gratitude et de respect *chaque jour* ?

De tels événements célestes nous éclairent sur l'histoire d'amour entre la Terre et le soleil, et nous enseignent les valeurs que sont l'harmonie, la réciprocité et l'équilibre. Les solstices nous offrent la possibilité de contempler les jours les plus longs et les plus courts de l'année. Ils nous permettent de comprendre que les plus grands événements du Système solaire respectent, eux-mêmes, la loi naturelle de réciprocité, que rien n'est fixe dans le spectre des potentiels, et que toute vie est en mouvement constant dû aux forces planétaires. Un équinoxe – où la durée du jour et celle de la nuit sont égales – est comme une pause presque imperceptible entre une inspiration et une expiration. Nous, les humains, prenons des milliers de respirations chaque jour – près de 1 000 respirations par heure. Les planètes de notre Système solaire font simplement des respirations plus longues.

C'est l'esprit de l'est qui chante le renouveau et les potentiels latents, nous invitant à ouvrir la porte et à laisser notre esprit accepter pleinement le passé pour aller vers de nouveaux commencements.

ÉLÉMENT FEU – *PȞÉTA*

Tout ce qui a été créé a été conçu pour être en harmonie avec le cercle sacré de la vie. Le Créateur a créé le peuple des lapins avec des oreilles en fourrure en forme de canoës pour leur permettre d'avoir une ouïe parfaite, et leur a donné de longues pattes pour qu'ils soient plus rapides et plus précis dans leurs mouvements. Il a créé le peuple des hiboux avec des parures de plumes pour voler plus silencieusement que tout autre membre de la famille des oiseaux, et des yeux extraordinaires qui peuvent voir à travers le voile obscur de la nuit.

Chaque être est né parfaitement adapté à son environnement et à son rôle sur cette Terre. Mais, un jour, le Créateur a remarqué qu'un peuple avait développé une terrible maladie. Il s'agissait du peuple à deux jambes. Le Créateur a découvert qu'Iktómi – l'esprit farceur – s'était faufilé dans la dimension terrestre et avait murmuré toute la nuit à l'oreille des humains endormis : « Qu'est-ce que ça me rapporte ? Qu'est-ce que j'ai à y gagner ? » Lorsque les humains se sont réveillés, le lendemain, la question « Qu'est-ce que ça me rapporte? » était incrustée dans leur cœur et leur esprit. Ils possédaient désormais un ego qui les a contaminés avec l'illusion que tout leur était dû et qu'ils étaient supérieurs. Leur ego les a rendus capables de destructions inimaginables et les a également affligés d'une peur irrationnelle des choses qu'ils ne pouvaient ni voir ni comprendre. Avant d'avoir un ego, ils ne faisaient qu'un avec la nature, mais, désormais, non seulement ils se sentaient séparés d'elle, mais également les uns des autres. Le Créateur éprouva de la compassion pour le peuple à deux jambes et ce qui leur était arrivé. Il leur fit don de quatre éléments puissants pour les aider à trouver un équilibre dans la tragédie et le fardeau de leurs ego: le feu, l'eau, l'air et la terre.

L'élément associé à l'est est le feu. Dès lors que nous avons reçu le don du feu, sa chaleur et sa lumière ont été au centre de nos vies. C'est ainsi qu'autour du feu nous avons prié, partagé des repas, raconté des histoires, transmis des enseignements, célébré nos victoires et déploré nos défaites, raconté nos naissances et nos renaissances, donné du sens aux choses, et nous sommes créé des souvenirs ensemble. C'est également autour d'un feu que nous évoquons ceux qui nous ont précédés et que nous nous interrogeons sur la vie des générations futures. Le feu représente les principes fondamentaux sur lesquels repose l'humanité: la chaleur, la protection, la sécurité, la nourriture, la famille et la communauté.

Le feu est un puissant enseignant. Si un humain le traite de façon déshonorante et irrespectueuse, il saura rapidement remettre son ego à sa place en lui donnant une leçon inoubliable sur la vulnérabilité de sa condition humaine. L'élément feu force l'ego humain à se soumettre, car il ne tient aucun compte de son besoin de se sentir maître de son environnement, ou supérieur aux autres êtres sensibles ou à la nature, de quelque manière que ce soit. Lorsque nous collaborons avec le feu, nous œuvrons avec honneur et respect sur les thématiques du paradoxe universel création/destruction et du cycle naissance/mort/renaissance.

La nature même du feu est son cycle perpétuel transmutation/purification/renouveau. C'est pourquoi il est l'élément associé à l'est. Le feu – symbole de destruction et de renouvellement – nous rappelle combien toute vie est précieuse et impermanente. Cela nous aide à nous souvenir que nous sommes tous dans le même bateau, que nous faisons partie de quelque chose de plus grand que nous, et que nous sommes tous liés les uns aux autres. En fin de compte, nous ne faisons que nous raccompagner mutuellement vers le Grand Mystère.

VERTUS INDIGÈNES : GRATITUDE ET GÉNÉROSITÉ

La gratitude et la générosité sont des vertus similaires, mais elles diffèrent en cela que la gratitude est une qualité intérieure ; et la générosité, une expression extérieure de notre sentiment de gratitude. **La gratitude est un sentiment qui nous anime, et la générosité est la façon dont nous exprimons ce sentiment dans le monde extérieur.** Les enseignements spirituels autochtones associent la gratitude et la générosité à l'est, en raison de ce sens de destruction et de renaissance. Si nous nous trouvons dans une situation où nous tombons dans les affres du désespoir, la meilleure façon d'arrêter notre chute est d'activer le déclencheur de sécurité et de déployer notre sentiment de gratitude, puis de transformer la négativité en positivité en accomplissant immédiatement un acte de générosité. Renouveler, régénérer, recommencer, tel est l'enseignement de l'est. Approfondissons un peu plus ces deux vertus.

La gratitude

Quand nous nous engageons dans le monde à partir de la gratitude, c'est toute la différence entre *essayer* de faire en sorte que quelque chose se produise et *permettre* que quelque chose se produise. La vertu de la gratitude représente la différence principale entre l'effort et l'absence d'effort. Les sages et les maîtres spirituels évoquent souvent la gratitude dans leurs textes et leurs enseignements. Mais pourquoi la gratitude est-elle un concept si essentiel à la joie, au contentement et au bien-être dans notre vie ? Les anciens nous expliquent que cela tient à deux raisons principales. La première est qu'une personne ne peut vivre à la fois dans la peur et dans la gratitude. La seconde est que la gratitude est la voie vers l'intuition divine qui nous permet d'être guidés par notre connexion avec le Créateur.

Lorsque nous nous sentons bloqués dans notre vie, la gratitude permet à l'énergie stagnante de circuler. Le simple fait de pratiquer la gratitude perturbe les pensées négatives et modifie notre état d'esprit pour nous permettre de voir le monde de manière positive. Lorsque nous vivons dans la gratitude, non seulement nous sommes plus agréables aux yeux des autres, mais les choses les plus ordinaires peuvent devenir extraordinaires et contribuer à une meilleure et plus belle expression de notre vie.

Vous avez probablement déjà entendu dire que la vie n'agit pas *contre* nous mais *pour* nous. La vie concourt à notre bien, et la gratitude en est le fondement. Cela signifie que l'univers conspire et œuvre généralement en notre faveur, et tel doit être notre état d'esprit. Souvent, lorsque nous vivons une situation que nous percevons comme « mauvaise », nous la laissons nous affecter de manière très négative. Mais, si nous interagissons avec le monde extérieur à partir de la gratitude, lorsque quelque chose se produit et que les autres perçoivent cela comme « mauvais », nous voyons simplement cette expérience comme « intéressante ». Nous sommes curieux de savoir pourquoi les choses se passent de cette façon, et nous recherchons activement les aspects de l'expérience pour lesquels nous pouvons être reconnaissants. Cette expérience fait partie de notre destin, du choix que nous avons fait en nous incarnant dans ce monde. Une fois que nous avons compris cette leçon, l'univers, par ses lois naturelles, fait en sorte que ce type d'expérience ne se produise plus.

La générosité

Dans la culture amérindienne, la générosité est une façon de vivre qui repose sur la valeur collective de l'égalité. En revanche, dans les cultures fondées sur le colonialisme, l'égalité n'est pas une valeur ; la valeur se trouve dans la possession, dans l'exploitation des ressources pour le profit, dans la thésaurisation des richesses et dans le pouvoir exercé sur les autres. Cela signifie que, dans de nombreuses régions du monde, la générosité est considérée non pas comme une valeur mais comme un sacrifice. La mentalité coloniale veut que, lorsque nous sommes généreux et que nous donnons quelque chose à quelqu'un, nous considérions que nous perdons quelque chose, ou que c'est un échange, ou encore que notre don nous permet d'avoir une emprise sur l'autre. Les cultures indigènes considèrent que la générosité honore la personne à qui nous faisons un don, ou que celui-ci contribue à la guérir ou à soulager ses souffrances en lui apportant plus de dignité, de bonheur ou de joie.

Nos ancêtres disaient que, si nous sommes généreux et savons partager ce que nous avons, nous verrons nos propres opportunités s'accroître proportionnellement à notre sincère désir d'aider les autres. La médecine que nous recherchons pour nous-mêmes se trouve dans ce que nous offrons aux autres.

PRATIQUE SPIRITUELLE : LA PRIÈRE INTENTIONNELLE

Qu'est-ce que la prière ? Beaucoup de gens sont déconnectés de la pratique de la prière, alors commençons par une visualisation.

Imaginez l'âme comme une ruche. La ruche est une représentation parfaite de la Création. Elle abrite une nuée de petites boules duveteuses jaune et noir qui vont et viennent. Ces abeilles qui entrent et sortent de la ruche sont semblables à des prières. Certaines quittent la ruche avec nos souhaits de protection, de clarté, de guérison et de faveurs pour les autres et pour nous-mêmes, et d'autres entrent dans la ruche en rapportant les prières que d'autres personnes ou nos ancêtres nous ont adressées.

La prière est une façon d'exprimer notre souhait que tout être ou toute situation bénéficie de ce qu'il y a de meilleur et de plus élevé. Nous pouvons prier pour nous-mêmes, pour des personnes que nous connaissons, pour quelqu'un que nous croisons en chemin, pour un animal, pour une forêt ou une étendue d'eau, ou pour un événement dans le monde. Nous pouvons prier pour que notre chemin et celui d'autrui, ou une situation, soient bénis afin que tout converge vers le meilleur résultat possible. Notre prière peut prendre la forme d'une méditation silencieuse, de paroles ou de chants, ou encore d'une cérémonie ; en réalité, nous pouvons prier littéralement pour tout.

Prier n'a rien à voir avec le fait d'être religieux, mais davantage avec le fait d'être un esprit incarné dans une forme humaine. Il n'est pas nécessaire d'être religieux pour prier, ni pour que notre prière soit entendue. La prière est le langage du monde de l'Esprit et n'est liée ni au temps ni à la distance. Une prière effectuée à un bout du monde peut agir à l'autre bout au moment même où elle est offerte.

L'HISTOIRE DE L'ESPRIT-ONCLE ET DE L'ESPRIT-NEVEU

Deux esprits, un oncle et son neveu, sont assis sur une étoile et observent la Terre. L'aîné enseigne à son jeune neveu comment se connecter à la fréquence du peuple à deux jambes. Tout à coup, le jeune esprit se lève d'un bond, les mains sur le cœur, en criant : « Mon oncle ! Je peux les sentir ! Je peux les sentir ! » « Très bien, dit l'esprit aîné, maintenant, garde cette fréquence et observe leur planète. » Le jeune esprit se met à sautiller en pointant du doigt la Terre. « Je peux voir quelque chose ! Je peux voir quelque chose ! » L'esprit aîné lui demande alors : « Dis-moi, mon petit, que vois-tu ? » Le jeune esprit décrit des millions d'orbes de lumière sortant de l'atmosphère et flottant dans l'univers. « Mon oncle, ces orbes sont tous magnifiques, mais que sont-ils ? » L'aîné lui répond alors :

« Ce sont les prières des gens. » Le jeune esprit les observe encore quelques instants, puis demande : « Mon oncle, pourquoi certains orbes sont-ils petits et sombres, et d'autres, grands et brillants ? » L'aîné répond : « Tout dépend de la foi des gens. »

HÁU, MITÁKUYE OYÁS'IŊ

Les moments où nous avons le plus besoin de recevoir une guidance – comme lorsque nous nous disons : « Je ne sais plus où j'en suis », « Je suis perdu, je ne sais pas quoi faire » ou « Mais où est-ce que je vais trouver l'argent ? » – sont souvent ceux où nous prions en nous en remettant entièrement au Créateur. Cet abandon par la prière nous permet de prendre conscience que nous faisons partie d'un système naturel et que, si nous avons foi en lui, tout va bien se passer. N'oubliez pas que l'univers *concourt* à votre plus haut bien et que vous pouvez faire face à tout ce à quoi vous êtes confronté. La prière est un moyen de se connecter directement avec le Créateur – ou d'accéder à la réalisation de soi.

Il existe de nombreuses façons de communiquer avec le Créateur ; il s'agit de communier et de converser avec notre Soi. Pensez à utiliser la **prière intentionnelle**, c'est une façon simple et directe de se connecter à la Source. Cependant, pour y parvenir, nous devons nous connecter profondément à nous-mêmes. Lorsque nous nous sentons appelés à « nous trouver nous-mêmes », cela signifie que nous nous sentons poussés à nous connecter à notre moi authentique et à notre véritable nature. « Se trouver soi-même » n'est pas une démarche mystérieuse ou ésotérique. Cela signifie simplement trouver la clarté parmi de nombreuses perspectives afin de découvrir qui nous sommes vraiment. La meilleure chose que vous puissiez faire pour les autres est de devenir la meilleure version de vous-même ; vous n'avez alors plus besoin de courir après les choses que vous désirez le plus, ce sont elles qui se manifestent à vous.

Commencez par vous connecter à votre voix authentique : fermez les yeux, détendez-vous, soyez tranquillement présent à vous-même, et apaisez le flux de vos pensées pendant quelques instants. Une fois que vous vous sentez calme, dites simplement : « Bonjour ». Restez calme et silencieux encore quelques instants puis demandez-vous : « Qui vient de dire ça ? » C'est votre voix authentique, celle qui émane d'une autre dimension et que nous utilisons pour prier intentionnellement et nous connecter avec le Créateur.

Comment pratiquer la prière intentionnelle

Lorsque nous prions avec intention, nous ne nous concentrons pas sur la façon dont notre prière sera exaucée, mais sur *le contenu* et *la raison* de notre prière. Si nous nous attardons sur la façon dont notre prière sera exaucée ou le moment où elle le sera, nous ne faisons que nous enfermer dans des scénarios imaginaires sur *quand* et *comment* ce que nous désirons va se produire. Nous ne prenons pas en considération la façon dont le Grand Esprit souhaite que les choses se produisent pour être en alignement avec le cercle sacré de la vie. Le Créateur n'est pas pressé, c'est nous qui le sommes. Nous devons avoir la foi et permettre aux lois divines qui régissent l'univers de nous apporter ce dont nous avons besoin en fonction de notre intérêt le plus élevé.

Lorsque nous pratiquons cette prière, nous commençons par invoquer notre Grand-père et notre Grand-mère qui représentent respectivement la sagesse du Cosmos et la compassion de la Terre. Nous utilisons le schéma suivant pour unir notre voix authentique à notre prière intentionnelle, et nous le répéterons encore et encore. Il nous permet de concentrer notre énergie pour demander une guidance concernant un sujet qui nous préoccupe. Une fois que nous nous le serons approprié, nous pourrons le modifier et le personnaliser.

1. Commencez par faire appel au conseil de vos guides spirituels.

   Grand-père, je fais appel à toi ; j'ai besoin de ta guidance maintenant.

Grand-mère, je fais appel à toi; j'ai besoin de ta guidance maintenant.

Ancêtres, je fais appel à vous, j'ai besoin de votre guidance maintenant.

Créateur, je fais appel à toi; j'ai besoin de ta guidance maintenant.

2. Formulez votre prière avec des mots simples.

   Je suis confronté à… [tel problème ou situation, formulez ce qui vous préoccupe] et je ne sais pas quoi faire. Je vous soumets ce problème pour recevoir votre guidance. Bénissez cette prière de votre lumière, de votre protection et de vos faveurs pour le plus grand bien de tous.

3. Priez pour Terre-Mère.

   Je vous demande de bénir notre Terre-Mère, accordez-lui la guérison et la protection, et soulagez la souffrance de tous ses enfants.

4. Terminez en exprimant votre gratitude avec recueillement.

   Je vous suis reconnaissant – Mitákuye oyás'iŋ.

CHAPITRE III

ITOKAGATA – SUD

LE SOUFFLE DE LA VIE

Écoutez la brise. Vous pouvez entendre l'air, le toucher,
le sentir, le goûter. Wóniya, Wóniya Wakȟáŋ – *l'air sacré*
qui renouvelle tout par son souffle.
Wóniya, Wóniya Wakȟáŋ – *esprit, vie, souffle,*
renouveau, ça signifie tout cela.
Wóniya, *nous sommes assis ensemble, sans nous toucher,*
mais quelque chose est là ; nous le sentons entre nous,
comme une présence. Une bonne façon de commencer
à se connecter à la nature…, c'est de lui parler,
de parler aux rivières, aux lacs et aux vents,
comme à des parents.

— Tȟáȟča Hušté (John Fire Lame Deer)

L'ÉTÉ

Le souffle de Terre-Mère se répand à travers le monde avec un message pour tous ses enfants : le temps de célébrer la vie est venu. Ceux qui sont profondément connectés au cercle sacré de la vie peuvent ressentir l'essence de ce souffle. Il est frais et pur, empli d'émerveillement, comme des bébés renards qui explorent un champ de fleurs sauvages en bondissant et en s'amusant. Ce souffle de vie est célébré par des cérémonies dans de nombreux endroits et de multiples manières.

En lakota, le mot qui désigne la cérémonie de la hutte de sudation est *Inípi*, qui signifie « naître à nouveau ». La hutte de sudation, en elle-même, est une petite structure en forme de dôme, faite de branches de saule et de peaux ou de couvertures ; c'est dans celle-ci que se déroulent les cérémonies ancestrales de purification spirituelle. *Inípi* est un hommage à la vie et un acte de renouveau spirituel. S'il n'y a qu'une seule porte physique pour entrer et sortir de la hutte, la cérémonie comprend quatre portes spirituelles alignées sur les quatre directions, l'est, le sud, l'ouest et le nord.

La porte au sud est celle que nos ancêtres, les élémentaux et autres guides spirituels, franchissent depuis le monde des esprits. Le sud, et sa dimension spirituelle correspondante, est associé à la couleur blanche. Le blanc représente la lumière présente en chacun de nous et nous rappelle que nous devons d'abord apprendre à la voir en nous-mêmes avant de pouvoir véritablement la voir chez les autres.

Dans la hutte, nous prions de différentes façons – parfois en silence, parfois à haute voix, et parfois en chantant. Les peuples autochtones ont toujours été conscients du pouvoir de la voix et de l'importance des mots que nous choisissons d'utiliser. L'un des plus grands enseignements que les ancêtres nous ont transmis est le suivant : **ce que nous disons, nous le créons.** Nos paroles sont puissantes, et elles peuvent aussi bien guérir que détruire ; c'est pourquoi nous devons être attentifs à l'intention derrière nos mots et utiliser notre voix au service du bien.

Une voix peut en encourager d'autres à s'élever, et plusieurs voix peuvent fusionner en une seule et changer le monde. Lorsque nous allons à un concert, nous sommes témoins de la force de notre voix collective. Nous pouvons ressentir la puissante énergie du groupe sur scène tandis que le public est sur la même longueur d'onde émotionnelle et que tout le monde chante ensemble. Nous pouvons sentir le puissant champ d'énergie des mots et de la musique qui va grandissant. Nous allons au concert pour nous rassembler et célébrer la vie avec d'autres personnes qui font partie du mouvement que la musique a créé. Il arrive parfois qu'un concert soit davantage une cérémonie spirituelle qu'un spectacle, que la puissante énergie qui s'en dégage fasse disparaître notre stress et notre anxiété, et nous permette de ressentir une profonde joie authentique qui nous rappelle ce qui est vraiment essentiel et qui nous sommes censés être.

Nos âmes sont attirées vers les cérémonies, car notre esprit indigène aspire à célébrer la vie. La société actuelle a créé un déséquilibre malsain entre vie professionnelle et vie personnelle, et cet état de fait est totalement dénué de sens. Si nous sommes honnêtes avec nous-mêmes, la plupart des emplois que nous occupons ne contribuent pas significativement à la vie elle-même ou à notre Terre-Mère. Ces emplois ont, bien sûr, leur importance, dans le sens où ils nous permettent de nous nourrir, et beaucoup ont des rôles essentiels et constituent la colonne vertébrale de nos communautés – les mères, les soignants, les guérisseurs, les enseignants, les artistes et ceux qui fournissent la nourriture ou assurent notre sécurité. Mais nous sommes trop souvent accaparés par notre travail et nous n'avons pas conscience que, la plupart du temps, nous faisons des choses automatiquement. Nous sommes tellement occupés à aller de l'avant et à faire, faire, faire que nous en oublions de simplement respirer et d'*être*.

Des millions de personnes attendent trop longtemps avant de célébrer la vie. Elles traversent leur existence en étant déconnectées de l'Esprit, et en souffrant d'un sentiment d'insatisfaction latent et permanent. Il est impératif que nous arrêtions de commettre l'erreur de penser que nous disposons de plus de temps que nous n'en avons réellement, car un jour il sera trop tard. Nous sommes en vie, en ce moment même. Célébrez cette réalité comme vous le souhaitez, peu importe la manière; ralentissez et observez la beauté de la vie. Peu importe ce que vous faites, faites-le avec conscience et un profond enthousiasme – faites savoir à l'univers que vous êtes présent et bien *en vie.*

ÉLÉMENT AIR – *ONÍYA*

L'air est le souffle de la vie. C'est notre deuxième médecine, le deuxième don que le Créateur nous a fait. Notre première inspiration est la première bénédiction que nous recevons au moment de notre naissance, et notre première expiration est la première prière que nous envoyons dans le monde.

À compter du jour où nous sommes nés, et chaque jour du restant de notre vie, que nous soyons éveillés ou endormis, chacune de nos inspirations est une bénédiction, et chacune de nos expirations est une prière. Chacune de nos respirations est une occasion de nous reconnecter à notre chemin spirituel. Le don de l'air ne doit jamais être considéré comme acquis. Contrairement au feu, l'air ne peut être contrôlé, capturé ou contenu. Sans air, il est impossible d'allumer un feu, et sans le souffle du vent, l'eau des océans ne peut se transformer en pluie pour arroser la terre. Nous pouvons nous passer pendant des jours, voire des semaines, de beaucoup de choses essentielles, mais nous ne pouvons vivre sans air, ne serait-ce que quelques minutes.

Le vent est l'air en mouvement. Il peut prendre de nombreuses formes, du simple murmure d'une brise légère au hurlement d'un ouragan. Le vent est une puissante force invisible qui anime le monde qui nous entoure et nous enseigne la douceur, la force, la conscience et la persévérance. Lorsque nous soufflons dans une flûte, l'air produit une mélodie qui peut soit nous faire pleurer, soit nous faire danser. Une brise légère qui berce un jeune arbre d'avant en arrière de façon régulière renforce son système racinaire afin qu'il soit capable de résister aux tempêtes auxquelles il sera confronté pendant sa vie. Lorsque l'automne laissera sa place à l'hiver, le vent fera tomber ses feuilles et, au printemps, il lui apportera de la pluie avant que l'été ne s'installe. Le vent nous est envoyé par l'Esprit, il est la main invisible de la transformation permanente.

Le vent et le sud représentent, tous deux, les forces invisibles de notre cœur, de notre esprit et de notre âme. Les aînés autochtones disent que le vent peut indiquer un changement à venir ; un vent fort peut être le signe d'un grand changement. Nous pouvons, nous-mêmes, provoquer ce changement en transformant l'air en vent, le vent en souffle, et le souffle en mots, puis utiliser ces mots pour créer la réalité que nous désirons. Trop souvent, nous oublions que l'élément air et le pouvoir du vent ont de précieuses leçons et une grande sagesse à nous offrir. Il nous suffit de rester tranquilles, de suivre notre respiration et d'écouter ce que le vent veut nous dire.

L'HISTOIRE DU TRAPPEUR

Il y a cinq cents ans, les indigènes de l'île de la Tortue vivaient des temps de grands changements. Les territoires de l'est avaient été envahis par des étrangers européens hostiles, et ces derniers affluaient désormais vers l'ouest, s'appropriant tout ce qui leur tombait sous la main. Les indigènes des terres situées à l'extrême nord n'avaient eu jusqu'alors que très peu d'interactions avec les colonisateurs ; aussi, ils n'avaient pas conscience de la destruction dont étaient capables ces étranges nouveaux venus qui avaient traversé les grandes eaux.

Un jour, un homme pâle, vêtu de peaux d'animaux de la tête aux pieds, pénétra dans un camp d'indigènes avec un traducteur originaire d'une des nations du Sud. Le traducteur organisa une audience avec le Conseil des anciens, et l'étranger leur expliqua qu'il était un trappeur de grande renommée et qu'il avait voyagé plusieurs lunes pour venir à leur rencontre. Il avait entendu les contes et légendes sur l'abondance des ressources de leur terre et voulait construire une route commerciale pour prélever ces ressources et les acheminer vers les marchés de l'est. Le trappeur affirma aux aînés qu'il les rendrait ainsi tous très riches.

Les aînés ne comprenaient pas qu'un homme puisse vouloir vendre les bienfaits de Terre-Mère pour enrichir quelques personnes. Les membres du Conseil expliquèrent au trappeur que la terre et les animaux qui y vivent n'appartiennent à personne, et qu'en tant que gardiens de la terre, ils rejetaient sa demande, et ils lui demandèrent de partir.

Le trappeur avait déjà envisagé que les aînés puissent refuser sa demande, mais il savait aussi qu'il pouvait compter sur leur générosité et leur hospitalité bien connues – des qualités que les colonisateurs exploitaient souvent. Et, effectivement, les aînés accédèrent à sa demande de piéger quelques castors afin qu'il puisse avoir des peaux à échanger contre de la nourriture et des provisions sur le chemin du retour. Le trappeur fut conduit dans une vallée profonde dans les montagnes, avec trois consignes très précises : il ne devait poser des pièges que dans cette vallée et nulle part ailleurs, ne prendre que ce dont il avait besoin pour son voyage de retour et rien d'autre, et repartir avant la prochaine pleine lune. Le trappeur accepta et donna sa parole.

Le trappeur s'aperçut rapidement que les contes et légendes étaient loin de décrire la multitude d'animaux qu'il pouvait capturer. La vallée recélait toutes les fourrures imaginables, et les castors se comptaient par centaines. Il commença dès l'aube à poser des pièges jusque tard dans la nuit. Il avait à peine le temps de vider ses pièges qu'ils étaient à nouveau pleins. Le trappeur ne parvint même pas à dormir la nuit, car les castors ne cessaient de frapper l'eau avec leur queue. Et, quand il arrivait à trouver de temps à autre le sommeil, il affichait un grand sourire, rêvant aux richesses que toutes ces peaux allaient lui rapporter. Le trappeur continua à parcourir la vallée avec ses pièges en fer, alors que le moment où il devait partir commençait à approcher.

De leur côté, quelques jours avant la pleine lune, les aînés du Conseil des anciens demandèrent aux sentinelles des nouvelles de l'homme à la peau pâle qu'ils avaient laissé dans la vallée. Ces derniers rapportèrent que le trappeur n'avait pas encore quitté la vallée, et qu'il ne se trouvait pas non plus à proximité du seul point d'entrée et de sortie praticable. Les aînés envoyèrent un groupe de guerriers pour retrouver le trappeur et l'escorter hors de leur territoire. La première chose que les guerriers découvrirent fut que le trappeur avait tué presque tous les castors de leur vallée sacrée. Il avait emballé les peaux et les avait cachées dans des grottes disséminées dans la vallée, car elles étaient trop nombreuses pour être transportées en une seule fois. Les guerriers retrouvèrent rapidement la piste du trappeur et accélérèrent, sachant que celui-ci avait quelques jours d'avance sur eux et qu'ils devaient rapidement rattraper cette distance.

De son côté, le trappeur commençait à s'inquiéter. Il savait que les aînés enverraient bientôt des hommes à sa recherche, mais il se disait qu'il ne lui restait plus que quelques centaines de peaux de castor à prélever pour devenir un homme riche et puissant. Pourquoi s'arrêter alors qu'il était si près d'une telle fortune ? Alors qu'il était allongé sur sa couche et écoutait le claquement de la queue des castors sur l'eau en calculant combien de peaux supplémentaires seraient nécessaires pour atteindre cette fortune, un hurlement perça la nuit. Ses cheveux se dressèrent sur sa tête, et il sortit précipitamment de sa tente.

C'était un frère-loup. Son hurlement était si long qu'il semblait presque impossible qu'il s'agisse d'un seul animal. Puis un autre hurlement suivi d'un autre puis encore d'un autre se firent entendre depuis différentes parties de la vallée… Il comprit qu'il était encerclé par des loups. Le trappeur leva le camp et partit immédiatement. Après avoir marché quelque temps, il aperçut plusieurs membres de la meute, ce qui l'obligea à prendre une autre direction. Puis, peu après, il aperçut au loin d'autres loups, ce qui l'obligea à nouveau à prendre une autre direction. Cela dura toute la journée et toute la nuit, et le conduisit à l'épuisement. Au crépuscule du dernier jour, tous les bruits de la forêt cessèrent. Le trappeur entendit un léger bruissement près de lui, et des yeux luisants apparurent. Il n'avait pas le temps de s'enfuir. Il sauta de son cheval et se hissa au sommet d'un peuplier où il parvint à se mettre en sécurité, abandonnant son fidèle cheval à lui-même. Les loups s'approchèrent et se positionnèrent tout autour de l'arbre. Le trappeur avait déjà affronté de nombreux prédateurs et il était bien décidé à ne pas leur servir de repas. Il se rassura en se disant qu'il était un trappeur célèbre, connu pour avoir dompté les terres sauvages de cette nouvelle frontière. Il repensa aux femmes qui l'idolâtraient, aux enfants qui le voyaient comme un héros et aux hommes ordinaires qui souhaitaient lui ressembler. Les loups s'élancèrent vers l'arbre et essayèrent d'y grimper, mais ils n'étaient pas bâtis pour ça.

Le trappeur se mit à les railler en leur disant qu'ils n'étaient pas à la hauteur de sa grandeur et qu'ils feraient mieux d'abandonner et de s'en aller ; et, au bout de quelques jours, c'est ce que firent certains d'entre eux. D'autres restèrent autour de l'arbre, empêchant le trappeur de descendre et de s'enfuir.

Le quatrième jour, les guerriers avaient rattrapé leur retard et s'étaient positionnés sur une ligne de crête, à une courte distance de la meute et du trappeur, et observaient. C'était la nuit de la pleine lune, et sa lumière argentée était si brillante que la forêt semblait éclairée comme en plein jour. Soudain, les loups se mirent à hurler, et, à mesure qu'un autre loup se joignait à eux, le son s'amplifiait. Le sang du trappeur se transforma en eau de rivière glacée. Le cercle des loups hurlants s'ouvrit lorsque le loup alpha arriva avec son frère, le castor. Ils se dirigèrent vers le peuplier, et le castor se déplaça lentement jusqu'à la base de l'arbre et se mit au travail, tandis que les loups encerclaient l'arbre. Lorsque le trappeur sentit que l'arbre commençait à tomber, il perdit espoir et se mit à pleurer. C'est alors que les guerriers arrivèrent et chassèrent la meute de loups. Ils ramenèrent le trappeur au camp avec toutes les peaux. Ils lui donnèrent à manger et lui permirent de se reposer. Les aînés du Conseil vinrent ensuite le voir pour lui rappeler ses méfaits et le bannirent de leurs terres. Il repartit chez lui, vivant, mais avec une leçon qu'il n'était pas près d'oublier.

HÁU, MITÁKUYE OYÁS'IŊ

VERTUS INDIGÈNES : *WÓOWOTȞAŊLA NA OWÓTȞAŊLA* – HONNÊTETÉ ET INTÉGRITÉ

L'honnêteté et l'intégrité pourraient sembler être des termes interchangeables, mais ces vertus sont, en réalité, très différentes. L'honnêteté est une valeur morale intérieure, tandis que l'intégrité concerne les actions que nous accomplissons dans notre vie quotidienne. Les Lakotas associent l'honnêteté et l'intégrité au sud, car plus nous nous libérons de nos illusions et de notre suffisance, plus le monde de l'esprit peut se manifester dans notre vie. La clarté qui en résulte est le fruit d'un travail personnel consistant à éliminer les obstacles qui obscurcissent notre sens de l'honnêteté et de l'intégrité.

Ce travail implique de voir et de célébrer la vie en comprenant qui nous sommes censés être. Cela signifie que nous devons appliquer les leçons de la deuxième médecine et faire en sorte que notre état d'esprit soit bien orienté. Observer nos intentions avec honnêteté et agir avec intégrité dans notre vie quotidienne sont les leçons que le sud propose de nous enseigner. Examinons de plus près chacune de ces vertus.

Wóowotȟaŋla – l'honnêteté

Peut-être avons-nous, à un moment donné, promis à quelqu'un quelque chose, faisant de nous quelqu'un de bon et vertueux, alors que nous savions pertinemment depuis le début que nous ne ferions pas ce que nous avions dit. Il arrive parfois que nous profanions notre honnêteté de manière consciente, mais il arrive aussi que nous nous sabotions inconsciemment. Cela peut entraîner des situations graves, comme celle de mettre des personnes en danger ou de trahir l'amour et la confiance de quelqu'un ; ou des situations plus bénignes où nous racontons des petits mensonges. Dans tous les cas, être malhonnête est une attitude destructive et inutile à bien des égards, et même la plus petite malhonnêteté peut nous entraver sur notre chemin spirituel. L'honnêteté, quant à elle, nous permet de gagner beaucoup de temps. Il nous faut cependant l'explorer – la nôtre ou celle des autres – très attentivement, car l'honnêteté totale s'accompagne d'une puissante transparence que nous ne sommes peut-être pas prêts à assumer.

L'honnêteté est une valeur intérieure, et elle exige un travail personnel considérable pour éliminer tous les mensonges, les excuses et les histoires que nous nous racontons pour nous protéger des perceptions que nous pouvons avoir de nous-mêmes, comme celles d'être inadéquats, insignifiants ou vulnérables ; ou pour éviter de devoir rendre des comptes, tant à nous-mêmes qu'aux autres. Ce n'est pas facile, mais, si nous n'effectuons pas le travail nécessaire pour assumer cette honnêteté intérieure, nous continuerons à étouffer notre capacité à nous voir en toute transparence. La plupart d'entre nous adhèrent pleinement au principe de l'honnêteté totale, jusqu'à ce qu'une situation se présente qui nous demande de l'appliquer. Être complètement honnête avec soi-même est l'étape la plus importante à franchir sur le chemin de la réalisation de soi – à savoir le moment où nous expérimentons pleinement notre potentiel en appliquant les principes universels de l'harmonie, de la sagesse, de la joie et de l'amour.

Être honnête avec soi-même peut souvent s'avérer douloureux, mais plus vous l'évitez, plus vos problèmes persisteront et deviendront ingérables. La meilleure façon de commencer est de reconnaître ses erreurs, et la première personne à qui vous devez reconnaître une erreur, c'est vous-même. Nous pourrions penser qu'admettre ses torts n'est pas si difficile, mais ce n'est pas le cas. Tout au long de notre vie, nous avons appris à nous construire une armure autour de nos blessures et de notre sentiment de culpabilité. Ces aspects de nous-mêmes nous rendent faibles et vulnérables vis-à-vis des systèmes du monde actuel et de ceux qui en font partie. En suivant la voie de la pensée indigène et la voie rouge, nous pourrons surmonter ces tendances, et penser et agir dans notre vie en toute honnêteté.

Owóthaŋla – l'intégrité

Être intègre signifie exprimer clairement ce que nous allons faire, et ensuite faire ce que nous avons dit. Si nous agissons constamment avec intégrité, cela suscitera le respect, et les gens nous feront confiance. Si nous agissons sans intégrité, si nous ne tenons pas nos promesses ou manquons à notre parole, les gens ne nous respecteront pas et ne nous feront pas confiance. C'est aussi simple que cela. Lorsque vous froissez une feuille de papier bien lisse, vous aurez beau ensuite essayer de faire disparaître les plis, elle ne sera plus jamais parfaitement lisse. L'intégrité fonctionne sensiblement de la même manière.

À l'époque de nos ancêtres, l'intégrité était primordiale. Si vous disiez à quelqu'un que vous alliez faire quelque chose – comme l'aider à construire quelque chose, lui apporter quelque chose ou lui rendre visite –, votre parole était un engagement et elle était fondamentale à l'équilibre de la communauté. Votre vie pouvait même littéralement dépendre de votre intégrité. Dans le monde actuel, les conséquences ne sont peut-être pas aussi lourdes, mais notre intégrité reste la valeur fondamentale qui définit notre caractère et la façon dont nous choisissons de nous présenter dans le monde extérieur. Ce n'est pas nous qui décidons si nous sommes intègres ou non, et ce n'est pas quelque chose que nous pouvons simplement affirmer ; seuls les autres peuvent dire de nous que nous sommes des personnes intègres, ou non.

Lorsqu'il s'agit d'intégrité, il n'y a pas de zone floue : soit nous sommes intègres, soit nous ne le sommes pas. Il faut parfois beaucoup de temps pour la développer, et il suffit d'un instant pour la perdre. Les anciens disent que nous devons vivre notre vie de telle manière que, si quelqu'un venait à dire du mal de nous, personne ne le croirait.

PRATIQUE SPIRITUELLE : *THAWÁČHIŊ* – LES PENSÉES

Le sud nous envoie un message à travers le vent, nous demandant de célébrer la vie. Il nous aidera à poursuivre notre chemin sur la voie de la pensée indigène et à adopter une vie empreinte de spiritualité. Mais nous devons aussi reconnaître que, pour beaucoup de gens, *célébrer la vie* demeure un concept idéaliste. Il peut y avoir des moments dans la vie où l'on a l'impression que tout s'écroule, et il peut alors être difficile d'avoir envie de célébrer quoi que ce soit. De nombreuses personnes vivent dans un état constant d'anxiété et de tension, car la société nourrit continuellement leur esprit avec des peurs et un sentiment de manque. Leur pire ennemi est leur dialogue mental intérieur permanent ; elles ont l'impression de toujours manquer de tout – d'estime de soi, de confiance en soi, de santé, d'opportunités, d'argent, etc. – et vivent dans la crainte d'innombrables scénarios susceptibles de se produire, le plus souvent imaginaires.

Ces pensées se manifestent ensuite tout au long de leur vie comme des thèmes récurrents. Ces personnes passent leur temps à se lamenter sur leur passé, à justifier désespérément leur condition actuelle et à avoir peur de l'avenir. Elles ne parviennent jamais à éprouver un sentiment de joie, de satisfaction ou de réussite de façon significative ou durable. Elles alternent entre des périodes d'apathie et d'angoisse, et sont dans une recherche discontinue d'une sorte de sens à donner à leur vie. Il est possible que vivre dans ces conditions ne soit ni bon ni mauvais, qu'il s'agisse de leçons que ces personnes sont venues apprendre dans cette incarnation. Et, comme nous l'avons dit précédemment, en *intégrant* ces leçons, nous cessons d'être constamment confrontés aux mêmes problèmes.

Lorsque nous parvenons à nous libérer de la peur, nous devenons alors pleinement satisfaits de ce que nous avons, et nous célébrons la vie. Ceux qui ont su le faire agissent comme de véritables guerriers spirituels dévoués, et jouissent d'une qualité de vie supérieure à la moyenne. Il ne faut cependant pas croire qu'ils passent leur temps à faire du toboggan sur des arcs-en-ciel et à batifoler avec des licornes. Ces guerriers sont des explorateurs intrépides, des pionniers, des éclaireurs, des enseignants, des leaders d'opinion et des créateurs. Ils aspirent à une vie pleine de passion et d'objectifs divins à réaliser, et ressentent souvent qu'ils sont porteurs d'un message à transmettre au monde entier.

Pourquoi ces guerriers spirituels sont-ils ainsi ? Cela est dû à leur *façon* de penser. En nourrissant leurs passions, ils accèdent à des niveaux spirituels élevés. Ils sont animés par la volonté de mettre leurs dons et talents au service de l'humanité, et ils sont porteurs de messages qu'ils désirent adresser au monde. Nous avons tous déjà rencontré ce genre de personnes, et nous avons pu nous rendre compte qu'elles sont tout simplement *différentes*... Mais *pourquoi* sont-elles différentes ?

La réponse tient à la façon dont elles perçoivent le monde et leur place dans le monde. C'est leur état d'esprit – leur manière d'être conscientes que nous créons notre propre réalité. Si nous sommes dans un état d'esprit fermé, nous créons *inconsciemment* notre réalité ; et, lorsque nous souffrons ou rencontrons des difficultés dans notre vie, nous ne parvenons pas à comprendre pourquoi. Rappelez-vous que, quelles que soient les circonstances, une seule décision peut transformer complètement notre vie ; il nous suffit de la *prendre*. Cette décision peut être aussi simple qu'adopter une autre perspective des choses – notre vie peut s'en retrouver radicalement changée.

Voici certaines choses essentielles que vous pouvez arrêter de faire et qui auront un impact positif immédiat dans votre vie :

- Cessez de vous juger et de juger les autres.
- Cessez de vous critiquer et de critiquer les autres.
- Cessez de vous comparer aux autres.
- Cessez de vous sentir responsable des problèmes des autres.
- Cessez de vivre votre vie en essayant de plaire aux autres.
- Cessez d'être malhonnête avec vous-même et avec les autres.

- Cessez de vivre votre vie en vous disant que vous ferez les choses «plus tard», car vous n'avez pas autant de temps que vous le pensez.

La procrastination peut s'avérer notre pire ennemi. Nous savons que nous devons faire quelque chose, nous nous disons que nous allons le faire, mais nous ne le faisons pas; et nous savions dès le départ que nous n'allions pas prendre le temps de le faire.

En réalité, la procrastination est un manque d'intégrité envers soi-même. Certains facteurs entrent souvent en jeu et alimentent la procrastination, comme l'épuisement à la fin de la journée et les préjudices émotionnels que nous nous infligeons lorsque nous nous mettons en colère ou pensons que nous ne sommes pas à la hauteur. Prenez une décision…, puis *agissez*. Une solution très efficace pour vaincre la procrastination est une ancienne pratique associée au sud, à l'élément air. C'est le deuxième don que nous a fait le Créateur: le souffle, notre respiration.

Notre respiration est le berceau de notre intention, et notre intention est le fondement de notre état d'esprit. De grands combats ont été gagnés ou perdus selon l'état d'esprit des guerriers avant qu'ils n'entrent sur le champ de bataille. La réussite ou l'échec se décident mentalement avant même le lancement d'une entreprise. En amour, avant que la fidélité ne fasse son nid dans notre cœur, c'est notre état d'esprit qui va déterminer si cet amour peut être durable ou s'il est voué à se terminer dans un profond déchirement. Quand on aborde le sujet de la spiritualité et des techniques de respiration, la première chose qui vient généralement à l'esprit est la méditation. Les pratiques de méditation traditionnelles adoptent une perspective dissociative et observatrice de nos pensées et actions; cependant, ce n'est pas ce que nous recherchons pour célébrer la vie. Notre intention n'est pas de nous déconnecter des choses; au contraire, nous souhaitons nous connecter pleinement à notre esprit, à notre corps et à notre âme pour pouvoir invoquer l'énergie à tout moment. Nous désirons développer nos sens pour participer au monde en étant la meilleure version de qui nous sommes et de ce que nous sommes appelés à devenir. La méthode *The Breath of Life* («le souffle de la vie») est le contrepoids de la méditation traditionnelle, dans la mesure où elle n'est pas destinée à se dissocier et à observer, mais à activer, engager et énergiser notre physiologie à tout moment.

La méthode *The Breath of Life* – comment s'énergiser rapidement

Cette pratique va vous permettre d'oxygéner très rapidement votre sang. Vos yeux doivent être fermés, il est donc important que vous soyez en position assise et que vous puissiez vous appuyer contre quelque chose pour vous stabiliser. Lorsque vous aurez terminé l'exercice, ne vous relevez pas tout de suite. Vous pourriez avoir la tête qui tourne et risquer de tomber. Cette pratique peut dynamiser entièrement votre physiologie en moins d'une minute, et son effet peut durer une heure, voire davantage; il est donc important de ne pas pratiquer cette méthode juste avant d'aller vous coucher.

1. Fermez les yeux et détendez votre front, vos sourcils, votre mâchoire et vos épaules.
2. Respirez lentement et profondément, et remplissez vos poumons.
3. Lorsque vos poumons sont pleins, retenez votre respiration, puis *ouvrez la bouche*. Faites une inspiration courte et puissante, et remplissez vos poumons au maximum de leur capacité. C'est ce qu'on appelle «remplir le soufflet».
4. Retenez cette inspiration pendant 7 secondes, puis expirez rapidement et avec force.
5. Répétez les étapes 1 à 4 quatre fois, puis ouvrez légèrement les yeux et respirez lentement et profondément – sans vous concentrer sur quoi que ce soit en particulier. Puis baissez doucement votre regard vers le sol, et sentez vos sens qui se

développent, votre énergie qui augmente et votre corps qui s'anime.

Lorsque vous avez terminé, relevez-vous lentement. Chacune de vos respirations est un don du Créateur. Remerciez silencieusement en exprimant votre gratitude pour la deuxième médecine qui nous a été offerte : notre souffle.

CHAPITRE IV

WIYOȞPEYATA – OUEST

LES POUVOIRS DE GUÉRISON

Quand une vision nous est envoyée par les êtres-tonnerre de l'ouest,
elle arrive comme un orage terrifiant; mais, une fois que l'orage
est passé, le monde est plus vert et plus beau. Partout où la vision
de la vérité se manifeste dans le monde, elle est comme la pluie.
Le monde, voyez-vous, est plus heureux après la terreur de la tempête.

– Heȟáka Sápa (Black Elk)

L'AUTOMNE

De la même façon que le soleil se couche à la fin de la journée, une saison se termine sur le cycle de la roue de médecine. Alors que l'été se retire dans notre mémoire, le vent du sud apporte l'automne, et nous offre ce temps pour réfléchir aux intentions que nous avions formulées pour cette année et à ce que nous avons accompli jusqu'à présent. Tandis que nous entrons dans cette nouvelle saison, c'est le moment de finaliser nos projets, de récolter ce que nous avons semé et de rassembler tout ce que nous avons collecté.

L'automne est aussi le moment de rassembler notre famille et notre communauté, de partager nos bénédictions, d'aider les autres, de raconter des histoires, de revisiter nos souvenirs de l'année écoulée et de nous remémorer ceux qui ont franchi le seuil avant nous, pour rejoindre l'autre monde.

C'est de l'ouest que viennent les êtres-tonnerre, les *Wakíŋyaŋ*. Ils remplissent l'atmosphère de leurs grondements, illuminent nos sens avec leurs éclairs et apportent la médecine guérisseuse des pluies purificatrices. Les êtres-tonnerre sont originaires du monde des esprits ; ce sont les guerriers du Créateur qui viennent nous enseigner la vigilance et la guérison des maladies. Les êtres-tonnerre sont les alliés des semences d'étoiles – ces êtres humains bénis qui suivent les voies spirituelles naturelles. Suivre ces voies peut parfois être éprouvant, mais les êtres-tonnerre nous aident à trouver la guérison, la force et la présence nécessaires pour que l'Esprit puisse se manifester à travers nous, tandis que nous continuons à suivre la voie rouge en agissant de la bonne manière. Mais, comme sur n'importe quel chemin, lorsque nous marchons, nous accumulons de la poussière et de la saleté qu'il nous faut nettoyer. La médecine des êtres-tonnerre peut nous purifier spirituellement et transformer l'eau en remède. L'eau peut purifier toutes choses. Une douche, un bain ou une baignade peuvent nous aider à éliminer notre stress et nos soucis, à nous désintoxiquer des drogues et de l'alcool, et à nous défaire d'autres formes de conduites autodestructrices.

Les humains ont tendance à chercher la spiritualité et la guérison dans le monde extérieur, mais peu importe combien nous cherchons à l'extérieur de nous-mêmes, les enseignements sacrés et le pouvoir de l'ouest nous aident à comprendre que la connaissance divine se trouve en nous depuis toujours.

ÉLÉMENT EAU – *MNÍ*

L'eau est la première des médecines. Nous avons été conçus par l'eau, nous avons grandi dans une matrice d'eau qui nous a protégés, et nous avons été mis au monde par une porteuse d'eau sacrée. L'eau est la première médecine ; la terre (la roche) est la première création. Lors d'une cérémonie lakota dans la hutte de sudation, lorsque l'eau est versée sur les pierres, le son que l'on entend est celui de l'univers. Il ne s'agit pas d'une métaphore poétique ; ce son est véritablement le son de l'univers. Lorsque les scientifiques ont enregistré l'espace profond pour la première fois, ils ont entendu ce son – le son de la première création et de la première médecine. Les peuples indigènes savent, depuis des milliers d'années, que ce son est celui de l'univers.

De nombreuses expériences scientifiques ont permis de découvrir que l'eau est dotée de sensibilité et qu'elle réagit aux énergies – que celles-ci soient positives ou négatives. L'eau forme des cristaux magnifiques ou déformés ; et les plantes se développent, ou non, en fonction de l'énergie positive ou négative à laquelle elles sont exposées. En tant qu'êtres humains, nous sommes principalement composés d'eau. Si le fait de prononcer des mots bienveillants et d'envoyer de l'énergie positive à l'eau peut modifier sa structure moléculaire, imaginez l'effet que cela peut avoir si nous faisons la même chose avec nos semblables, ou avec tout être sensible. Nous n'avons, pour ainsi dire, aucune idée du véritable pouvoir spirituel et de la sagesse de l'eau. L'eau est une enseignante, une guérisseuse ; elle est la source de toute vie. Nous sommes directement connectés à elle. L'eau est essentielle à la santé et au bien-être de tous les êtres sensibles qui vivent sur Terre-Mère.

L'ouest est associé à l'eau et à l'émotion, car elles sont toutes deux fluides par nature. Ce sont nos émotions qui nous font verser des larmes salées. Elles sont également liées à notre sixième sens. En tant qu'humains, nous devons apprendre à utiliser nos émotions pour ouvrir nos sens psychiques et communiquer avec tous les autres êtres sensibles de la planète qui sont connectés au monde subtil qui nous entoure.

WAKÍNYAN NA IYA – LES ÊTRES-TONNERRE ET LES GÉANTS

Il existe une plaine située dans les terres reculées de la réserve indienne de Standing Rock, appelée *Where the Thunders Hunt* (« où le tonnerre chasse »). On y trouve des profonds ravins, des affleurements rocheux et un labyrinthe de grottes souterraines. La vallée a reçu son nom en raison d'un événement douloureux qui s'est produit entre les Lakȟóta Oyáte (le peuple lakota) et les Íya Oyáte (le peuple des géants) dans un passé lointain de la pré-Amérique. Ces deux nations vivaient dans les plaines mais ne cohabitaient pas en harmonie. Les géants étaient un danger permanent pour le peuple lakota, ils faisaient environ deux fois la taille d'un humain et pénétraient dans les villages, la nuit, pour voler femmes, enfants et bétail.

Un jour, alors qu'un groupe de chasseurs, parmi les meilleurs guerriers lakotas, était parti pour une longue expédition, un messager du village les rejoignit au galop. Les géants étaient entrés dans le village et avaient emmené plusieurs personnes et des animaux. Les guerriers enfourchèrent aussitôt leurs chevaux et, guidés par leur meilleur éclaireur, retrouvèrent la piste des géants, qui menait au loin dans la vaste prairie.

Après deux jours de poursuite, les guerriers trouvèrent l'entrée de leur grotte au moment où le soleil atteignait son point le plus haut dans le ciel. Les guerriers avaient entendu de nombreuses histoires au coin du feu à propos des géants. L'une des choses qu'ils avaient apprises était qu'ils dormaient pendant la journée et se réveillaient peu après le coucher du soleil. Cela signifiait qu'ils n'avaient pas beaucoup de temps. À l'entrée de la grotte, dont la puanteur qui s'en dégageait était étouffante, se tenait l'un des géants censés monter la garde, mais qui s'était endormi. Sachant qu'il pouvait se réveiller à tout moment, les guerriers ont agi rapidement et discrètement pour libérer les personnes qui avaient été enlevées au village – du moins celles qui restaient.

Les guerriers et leurs proches, libérés, chevauchèrent à vive allure pour mettre le plus de distance possible entre eux et les géants. Lorsque ces derniers se réveillèrent et se rendirent compte que leurs repas avaient disparu, ils entrèrent dans une violente colère. Ils sortirent de leur caverne en hurlant et en rugissant, déterminés à attraper ceux qui avaient volé leur nourriture, à les mettre en pièces et à se délecter de leurs os.

Les géants avaient des sens aiguisés. Lorsqu'ils perçurent l'odeur des chevaux des guerriers, ils se mirent en chasse et comblèrent rapidement la distance qui les séparait. Dans la nuit sans lune, les guerriers pouvaient entendre leurs hurlements et rugissements qui se dirigeaient vers eux. Leurs chevaux étaient épuisés, et le village était encore à plus d'une journée de cheval. Les guerriers savaient que les géants les rattraperaient avant qu'ils puissent arriver chez eux.

Désespérés face à ce danger mortel, ils auraient pu abandonner, mais ils ne l'ont pas fait. Une pensée les ramena à la raison et mit en échec leur peur écrasante : ils se rappelèrent qu'ils étaient les fils et les filles de leurs ancêtres qui avaient donné leur vie pour qu'ils puissent avoir cette belle existence et continuer à suivre leurs magnifiques coutumes. Le groupe épuisé descendit de cheval et se rassembla en cercle près du ruisseau qu'il avait longé. L'un d'entre eux sortit la *čhaŋnúŋpa wakȟáŋ* – la pipe sacrée –, assembla le bol et la tige, et tous se mirent à prier ensemble. Ils continuèrent à prier alors que les géants se rapprochaient et qu'ils pouvaient entendre leurs cris dans leur étrange langue gutturale – des cris à glacer le sang. Tout espoir semblait perdu pour ce petit et noble groupe de Lakotas.

Ils prirent une corne de buffle qu'ils remplirent avec l'eau du ruisseau et se bénirent avec en la buvant et en se la passant sur le corps. L'homme-médecine tendit le calumet sacré vers le ciel et pria : « Êtres-tonnerre de l'ouest, nous faisons appel à vous. Nous avons besoin de votre aide. Protégez-nous, guidez-nous et veillez sur nous. Le peuple des géants sera bientôt là pour nous tuer. Protégez-nous d'eux, et vainquez-les pour nous grâce à votre pouvoir. Nous désirons vivre et retrouver notre famille et nos êtres chers ; nous désirons continuer à marcher sur la voie rouge en agissant de la bonne manière. Créateur, c'est notre prière. *Mitákuye oyás'iŋ.* » Ils fumèrent le calumet sacré et honorèrent les sept directions.

Et les êtres-tonnerre arrivèrent.

Des nuages commencèrent à se former au loin, grossissant et s'étendant en ondulant depuis l'horizon. Le ciel nocturne étoilé commença rapidement à s'obscurcir. Le tonnerre se mit à gronder à travers la prairie, faisant trembler le sol comme une ruée de cent mille bisons. Soudain, les cris et les hurlements des géants cessèrent. Des éclairs jaillirent, et les Lakotas purent les apercevoir, ils avaient arrêté net leur assaut et s'étaient blottis les uns contre les autres, transis de peur, ne sachant plus ce qu'ils devaient faire.

Une énorme formation de nuages noirs traversa le ciel de la prairie et s'arrêta juste au-dessus des géants. Des éclairs jaillirent depuis l'intérieur des énormes nuages, et, à chaque éclair, les guerriers pouvaient apercevoir une immense silhouette au milieu des nuages; c'était *Wakíŋyaŋ Wičháša* – l'homme-tonnerre. Il avait amené les êtres-tonnerre pour les aider. Les Lakotas sentirent le grondement du tonnerre vibrer dans leur corps jusqu'au plus profond d'eux-mêmes, et les éclairs remplirent leurs yeux de toutes les couleurs lumineuses imaginables. L'homme-tonnerre s'adressa à l'homme-médecine en lui disant de faire monter tout le monde sur les frères-chevaux et de rentrer directement au village en regardant droit devant eux sans se retourner pour quelque raison que ce soit. Ils firent ce qui leur était demandé.

L'homme-tonnerre demanda aux êtres-tonnerre de projeter des éclairs tout autour des géants qui firent aussitôt demi-tour et regagnèrent leur vallée aussi vite qu'ils le purent. Quand ils arrivèrent dans leurs grottes, ils étaient si terrifiés par le pouvoir des prières des Lakotas qu'ils scellèrent toutes les issues et s'enfoncèrent dans la terre pour rejoindre le monde souterrain.

Háu, mitákuye oyás'iŋ

Les enseignements autochtones de l'ouest sont puissants, car ils sont fondés sur les aspects les plus essentiels de ce qui fait de nous des humains. L'ouest représente le spectre complet de nos émotions humaines à l'état brut. Cette direction représente notre première médecine, l'eau. C'est la direction sacrée qui abrite notre joie, ainsi que deux de nos plus grandes qualités humaines – l'humilité et la modestie –, toutes deux liées par la sincérité. La sincérité est la clé de voûte qui renforce notre connexion avec le monde spirituel. C'est souvent lorsque nous éprouvons une peur profonde que notre prière est la plus intense, car nous prions alors avec une profonde sincérité. Dans l'histoire des géants, ce n'est pas le niveau de danger qui a fait que les puissants êtres-tonnerre ont répondu à l'appel des Lakotas, mais la sincérité de leur prière.

VERTUS INDIGÈNES : *WÓUŊŠIIČ'IYE NA IGLÚHUKHUČIYELA* – HUMILITÉ ET MODESTIE

Quatre-vingt-dix-neuf pour cent de toute vie sur notre Terre-Mère est plus petite qu'un bourdon. Si nous retirons quoi que ce soit de son ordre naturel, quelle que soit sa taille, quelque chose d'autre en souffrira. Il existe, cependant, une exception. La seule chose que nous pourrions supprimer pour améliorer le monde, ce sont les humains. Les écosystèmes de cette planète ne dépendent en aucune façon des hommes pour survivre et prospérer. Notre espèce fait souffrir la Terre-Mère, qui se porterait mieux sans notre présence. Nous devons donc être profondément reconnaissants de bénéficier de son soutien, et la considérer avec humilité et gratitude pour son amour et sa générosité.

Nous pouvons apprendre l'humilité et la modestie soit de la manière facile, soit de la manière difficile; mais, d'une façon comme d'une autre, c'est une leçon que nous devrons apprendre. Si nous faisons de notre esprit un terrain propice à la corruption, si notre cœur est rempli d'avidité, ou si nous trouvons toujours des justifications au fait que nous prenons, prenons et prenons encore à notre Terre-Mère, celle-ci nous donnera alors une leçon d'humilité. Il serait tellement plus simple pour nous que l'humilité nous soit enseignée de manière plus douce, par exemple par un aîné, un gardien de la sagesse, ou un homme – ou une femme-médecine. Lorsque c'est l'Esprit qui nous impose l'humilité, il peut nous mettre à genoux, avant de nous relever, si tant est qu'il nous donne une autre chance. Le Conseil des anciens avait bien dit au trappeur de ne prendre que ce dont il avait besoin pour son voyage de retour. Mais il a ignoré ces instructions, et il est retourné chez lui avec une grosse leçon d'humilité et de modestie.

Wóuŋšiič'iye – l'humilité

Entre la confiance et l'arrogance, la frontière est mince : c'est l'humilité. Il a été dit : « L'humilité ne signifie pas avoir une moins bonne opinion de soi, mais moins penser à soi. » Les ancêtres nous disent que le moyen de développer notre humilité intérieure est de nous entraîner à être modestes extérieurement. Beaucoup de gens pensent qu'il est dangereux d'être humble, car, dans le monde actuel, si nous ne montrons pas, d'une manière ou d'une autre, que nous sommes quelqu'un d'exceptionnel, il y a toujours quelqu'un de plus rapide, de plus brillant ou plus que désireux de nous prendre notre travail ou de s'approprier nos relations intimes. La plupart d'entre nous ne peuvent se permettre de rester sans emploi, si bien que nous inventons des moyens de faire croire à notre employeur que nous sommes, en quelque sorte, indispensables. Il en va de même de notre comportement dans nos relations intimes et dans nos cercles sociaux lorsque nous prétendons incarner certaines qualités ou dissimulons nos défauts.

Un jour viendra où le Créateur nous rappellera à la maison. C'est un destin que nous finirons tous par connaître. Peu importe où nous vivons, la voiture que nous conduisons, l'argent que nous possédons ou notre nombre d'abonnés sur les réseaux sociaux. Ce qui importe, c'est que nous nous demandions pourquoi nous estimons que ces choses sont importantes, et pourquoi nous ressentons le besoin d'impressionner les autres. Ces deux questions nous permettront d'aller au cœur de nos problèmes en réfléchissant avec humilité.

L'humilité est l'une des qualités les plus difficiles à percevoir chez les gens, car c'est sa nature même d'être discrète. Cependant, un leader authentique peut laisser transparaître cette humilité, et nous le sentirons. Si les « leaders » typiques de notre époque ont tendance à nous faire sentir qu'*ils* sont des personnes importantes lorsque nous les rencontrons, en revanche, lorsque nous rencontrons un grand leader, il nous fait sentir que *nous* sommes importants. Les grands leaders n'essaient pas d'impressionner ou de convaincre qui que ce soit de leur importance. Ce sont des personnes ordinaires qui s'engagent dans la vie avec humilité, et celle-ci transparaît dans leur façon de se comporter dans le monde extérieur.

L'humilité consiste essentiellement à sortir de notre tête et à ne pas permettre à nos pensées de toujours commencer par : « Qu'est-ce que ça me rapporte ? » C'est ainsi que nous élevons nos sens au-dessus du brouhaha de la société et que nous pouvons voir au-delà de ce qui se trouve juste devant nous. L'humilité ouvre notre cœur et notre esprit, afin que nous puissions recevoir la sagesse et les informations de l'univers, plutôt que d'accepter la pseudo-sagesse et les informations artificielles qui nous inondent quotidiennement. L'humilité est suffisamment puissante pour désarmer un ego qui n'est pas aligné avec la nature.

Il existe de nombreuses façons de développer l'humilité, mais cela commence par le fait de penser aux autres. Nous pensons tous constamment aux autres, mais nous le faisons depuis notre propre point de vue, nos propres émotions. Nous devons apprendre à ressentir et chercher à comprendre ce que les autres vivent. Cela nous permet d'explorer nos propres sentiments à l'égard du patriarcat, du racisme institutionnel ou du corporatisme, qui nuisent grandement aux êtres sensibles qui vivent sur cette planète, quels qu'ils soient. L'humilité est ce qui nous permet de faire ou de dire quelque chose en toute sincérité, parce que nous comprenons profondément l'autre et que nous nous en soucions. L'humilité est la pierre angulaire de l'intégrité, de la sincérité et de la modestie.

Iglúhukhučiyela – la modestie

La modestie est étroitement liée à l'humilité, car on ne peut être modeste sans humilité. La différence est que l'humilité est un état intérieur, tandis que la modestie concerne notre comportement dans le monde extérieur. Quoi que nous fassions, nous ne pouvons pas faire semblant d'être modestes ; nous ne pouvons que l'*être* véritablement. C'est pourquoi l'humilité est essentielle ; sans humilité, nous ne faisons que *paraître* modestes, et, en réalité, la seule personne que nous trompons, c'est nous-même. Lorsque nous faisons les choses avec modestie, ce comportement nous est non seulement bénéfique à nous-mêmes, mais aussi à tous les êtres qui nous entourent.

L'apprentissage de la modestie est ancré dans le mode de vie indigène. Un exemple est la hutte de sudation lakota. Son entrée ne fait guère plus que quelques dizaines de centimètres de hauteur, et c'est intentionnel afin que nous restions humbles en pénétrant, à genoux, dans le ventre de Terre-Mère. Nous entrons et sortons de la hutte sacrée de la même manière que nous sommes entrés dans cette vie, non pas en marchant debout comme un adulte qui croit tout savoir, mais en rampant comme un enfant vulnérable et ouvert aux leçons que l'univers a à offrir.

PRATIQUE SPIRITUELLE : *ČHAŊTÉ* – LES ÉMOTIONS

Les semences d'étoiles sont des lumières vives dans une société moderne souvent morose. Elles attirent les autres comme une flamme attire les papillons de nuit. Les gens captent leur énergie et la conservent pendant des années, voire des décennies. Le problème est que l'inverse est parfois également vrai. Une semence d'étoile conserve souvent l'énergie de ceux avec qui elle interagit – pour le meilleur ou pour le pire. Une personne ayant subi un traumatisme peut donc nous transmettre la mémoire émotionnelle de ce traumatisme sans en être consciente.

Et, bien sûr, nous avons tous nos propres traumatismes – cela fait partie du cours naturel de la vie, qui n'est pas censée être parfaite mais qui se veut salutaire. Cependant, si nous accordons à ce traumatisme une importance excessive, il ne cessera de hanter notre esprit en nous chuchotant continuellement des petites histoires de victimisation pour nous rappeler que nous ne méritons pas le bonheur, que la vie a peu de sens, ou que nous ne sommes pas à la hauteur des autres. Il est extrêmement néfaste d'alimenter en boucle des pensées négatives vis-à-vis de soi, une mauvaise estime de soi, un manque de confiance en soi et toutes les angoisses qui en découlent. Rappelons-nous que chacune des cellules de notre corps est à l'écoute et réagit à la façon dont nous nous parlons à nous-mêmes.

La plupart des traumatismes proviennent de nos émotions refoulées. Certes, c'est une simplification excessive, mais cela nous donne un point de départ pour aborder des problèmes qui trouvent leur origine dans un événement terrible ou un conflit majeur survenus dans notre passé et qui continuent à nous affecter aujourd'hui. Il arrive souvent que, lors d'une expérience traumatisante, des émotions négatives s'impriment en nous au niveau psychique et sensoriel – par notre vue, notre ouïe, notre odorat, notre goût et notre toucher. Les personnes qui ont été victimes d'une agression sexuelle répugnent souvent à l'idée qu'on leur touche le cou, le ventre, les bras ou les jambes ; elles vivent généralement dans l'insécurité, incapables de fixer ou de faire respecter leurs limites personnelles. Beaucoup d'anciens combattants deviennent paranoïaques et ont une certaine tendance à provoquer le chaos lorsque les choses semblent « aller pour le mieux », ou deviennent trop calmes et prévisibles.

Ces comportements peuvent être des tentatives inconscientes de revisiter l'expérience traumatique afin de la guérir ou de lui donner un sens, mais nous y parvenons rarement, et le cycle de la violence continue. Les aînés nous disent que la meilleure façon de surmonter une épreuve est de la traverser. Une partie de ce processus nous demande de mettre un terme à l'énergie émotionnelle associée au traumatisme, y compris nos émotions à l'égard de la personne qui a pu en être la cause. Cela permet de ne pas laisser le traumatisme nous contrôler.

LA PRATIQUE DU TRANSFERT DANS L'EAU

Il existe plusieurs rituels et pratiques que nous pouvons utiliser pour clore une situation. Par exemple, « enterrer la hache de guerre » est une expression qui vient d'une époque où certaines tribus du Nord-Est enterraient cérémonieusement leurs armes pour signifier la fin d'un conflit. Elles déclaraient ainsi qu'elles entraient désormais dans une période de paix et de réconciliation. Peut-être êtes-vous familier avec certaines techniques qui offrent des moyens similaires permettant de « couper le cordon émotionnel » et de mettre fin à des expériences traumatisantes.

La pratique du transfert dans l'eau est une méthode de guérison qui fait appel à nos qualités spirituelles et énergétiques, car rappelons-nous que nous sommes des êtres spirituels composés d'énergie. Dans cette pratique, nous nous purifions pour nous préparer, puis nous évoquons le traumatisme et la personne ou l'expérience qui lui est associée. Nous reconnaissons ce traumatisme et nous le transférons ensuite dans l'eau, afin que Terre-Mère se charge de le faire disparaître pour que nous puissions aller de l'avant et poursuivre notre vie.

Ne vous préoccupez pas de savoir si vous faites les choses « correctement ». L'important est que vous fassiez la moitié du chemin en mettant l'intention de votre prière en action.

Cette pratique ne convient pas forcément à tout le monde. Aussi, si le fait de vous remémorer votre traumatisme vous met dans un état de panique, mettez-le de côté pour le moment. Même si cette pratique a permis à énormément de personnes de tourner la page et de guérir, personne n'a jamais prétendu qu'un traumatisme de longue date se guérissait facilement. Mais, si cette pratique de guérison en trois étapes peut nous aider pendant un mois, une journée ou même cinq minutes, elle aura atteint son but. L'idéal est de ne pas faire cette cérémonie seul, mais d'être accompagné par une personne de confiance et compétente.

1. La purification : versez 2 à 4 tasses d'eau dans un bol. Si possible, utilisez un bol en bois, mais sinon n'importe quel bol fera l'affaire. Asseyez-vous par terre et recueillez-vous quelques instants en vous connectant avec l'eau. Exprimez-lui votre intention et demandez-lui son aide. Si vous le pouvez, faites brûler de la sauge pour vous purifier, ainsi que le bol d'eau et l'endroit où vous vous trouvez. Mettez-vous ensuite dans un état de gratitude, et buvez un verre d'eau du bol. Concentrez-vous sur chaque petite gorgée de cette eau qui entre dans votre bouche puis descend dans votre gorge. Avec vos mains, prenez une petite quantité d'eau, et passez-la sur vous pour vous bénir et vous purifier. Commencez par le sommet de votre tête. Passez légèrement sur votre front, vos sourcils, vos yeux, votre nez et votre bouche, puis descendez sur votre gorge et à l'arrière de votre tête. Puis passez sur votre torse, vos bras, vos jambes et vos pieds.

2. Le transfert : préparez-vous en posant votre intention de guérison. Soyez prêt à laisser le traumatisme partir. Tenez le bol dans vos mains et permettez au traumatisme de se manifester. Si un traumatisme se présente et que vous ne vous y attendiez pas, n'essayez pas de l'arrêter, car, s'il se manifeste, c'est qu'il est censé le faire. Cette étape consiste à se concentrer sur le traumatisme, même si c'est difficile. Ce processus n'est pas destiné à répondre à nos désirs humains mais à nos besoins spirituels ; aussi, ne faites pas de suppositions, suivez simplement le mouvement. Tout au long du processus, gardez les yeux ouverts et continuez à fixer l'eau du regard. Visualisez tous les aspects du traumatisme – chaque image, chaque son, chaque détail possible. Ramenez ensuite votre attention dans votre corps, et sentez à quel endroit les émotions associées à ce traumatisme se manifestent le plus. Les ressentez-vous dans votre estomac ou dans la région de votre cœur ? Vos jambes sont-elles tendues, votre gorge est-elle sèche ? Où l'énergie est-elle bloquée ? Une fois la zone identifiée, demandez à l'eau de faciliter la guérison de cette partie de votre corps. Restez tranquillement à cette étape du processus aussi longtemps que vous le souhaitez, mais ne quittez pas l'eau des yeux. Vous saurez intuitivement quand il sera temps de passer à autre chose. Lorsque vous vous sentirez prêt, utilisez vos sens et votre imagination pour extirper le traumatisme de l'endroit où il est bloqué dans votre corps et, avec une profonde détermination, transférez-le dans le bol d'eau. Prenez votre temps, car lui aussi sera déterminé à ne pas quitter le nid qu'il a établi à l'intérieur de vous. Vous saurez instinctivement quand le processus sera terminé ; vous vous sentirez libéré et vous saurez que le traumatisme a été absorbé par l'eau dans le bol.

3. Clôture : une fois le transfert effectué, arrêtez la visualisation et déconnectez vos sens. Continuez à regarder l'eau, mais sans visualiser aucune image, même si le traumatisme est toujours lié à cette eau. À présent, si vous vous trouvez à l'intérieur, sortez et versez l'eau dans la terre. Si vous avez de la sauge, brûlez-en un peu pour vous purifier, ainsi que votre environnement. Et voilà, vous avez terminé !

HÁU, MITÁKUYE OYÁS'IŊ

CHAPITRE V

WAZIYATA – NORD

LA MÉDECINE DE LA TERRE

Les anciens en étaient venus à adorer la terre, ils s'asseyaient ou s'inclinaient sur le sol avec le sentiment d'être proches d'une force maternelle... Leurs tipis étaient construits sur la terre, et leurs autels étaient faits de terre... La terre était apaisante, fortifiante, purifiante, et elle guérissait. C'est pourquoi le vieil Indien s'assied toujours à même la terre, au lieu de se tenir debout et éloigné de ses forces vitales. Pour lui, s'asseoir ou s'allonger sur le sol, c'est pouvoir penser plus profondément et ressentir plus intensément; il peut percevoir plus clairement les mystères de la vie et se rapprocher des autres formes de vie qui l'entourent.

– Mathȟó Nážiŋ (chef Luther Standing Bear)

L'HIVER

Les mois d'hiver sont ceux où nous entrons dans le temps de l'ours-rêveur. Peu importe que vous viviez dans un endroit où il y a des ours ou dans un endroit où il ne neige pas. L'important est que vous commenciez à prêter attention à l'énergie associée à cette saison. C'est une période où Terre-Mère envoie des signes à ses enfants pour leur dire que le temps est venu de ralentir, de préciser les choses qui ne sont pas claires, de s'organiser et de planifier le printemps à venir. L'hiver est une période pour se renouveler et se régénérer, pour se rassembler avec notre communauté et partager nos connaissances, notre savoir-faire et nos histoires. C'est un temps pour réfléchir à notre vie et au monde qui nous entoure, pour écrire nos projets et créer nos tableaux de visualisation, pour réfléchir à ce dont nous avons besoin pour l'année à venir et poser nos intentions. C'est aussi une période pour être présents pour nos proches, nos parents et nos enfants et leur demander de quelle façon nous pouvons leur apporter notre aide au cours des prochaines lunes. C'est la saison où nous prenons des décisions et où nous nous réengageons à respecter la voie rouge, à œuvrer avec notre médecine et avec notre peuple.

Il est essentiel de réfléchir à ce qui nous nourrit et nous régénère ; de reconsidérer les raisons pour lesquelles nous sommes toujours pressés et, surtout, ce qui sous-tend nos intentions. C'est ainsi que nous préparons le prochain printemps où, comme l'ours, nous sortirons de notre tanière, prêts et désireux à nous engager de nouveau dans le monde extérieur.

Les leçons du Nord concernent tout ce qui fait partie de la vie humaine – les hauts et les bas, et tout ce qui se trouve entre les deux. Les enseignements offerts par cette direction sacrée concernent tous les aspects bruts et primitifs, physiques ou émotionnels, tandis que nous nous frayons chaque jour un chemin à travers cette expérience humaine. Ces leçons sont le fondement de notre condition et de nos entreprises humaines.

ÉLÉMENT TERRE : *UŊČÍ MAKȞÁ*

La terre est un autre don du Créateur. La terre est un élément fondamental sur le plan spirituel, car elle nous offre des enseignements sur la façon de vivre notre incarnation dans cette forme humaine. Autrement dit, la terre concerne l'aspect pragmatique des choses : savoir qui nous sommes, ce que nous faisons, pourquoi nous le faisons et comment nous le faisons.

Lorsque nous nous connectons à la sagesse et aux pouvoirs de guérison de la médecine terrestre du Nord, nous pouvons accéder à une connaissance profonde, expérimenter une guérison miraculeuse et ressentir un profond contentement. Nous pouvons comprendre et guérir certains de nos maux et problèmes en marchant pieds nus sur le sol, en mettant nos mains dans la terre, en plongeant notre corps dans l'eau, tout en observant silencieusement et en ressentant avec tous nos sens l'énergie naturelle de la terre qui circule autour de nous. Mais les gens ne font que rarement, voire jamais, l'effort de se connecter à la terre de cette manière. Dans notre société actuelle, le seul contact que les gens ont avec la terre est souvent par le biais d'une activité récréative sur une pelouse bien entretenue ou en faisant du sport sur un parcours aménagé. C'est déjà une bonne chose, mais cela ne peut en aucun cas remplacer une profonde connexion spirituelle en pleine nature.

À quand remonte la dernière fois où vous vous êtes allongé à même le sol pour contempler le ciel et écouter les battements de cœur de notre Terre-Mère ? Beaucoup de gens ignorent que nous pouvons entendre son souffle et son cœur qui bat. Certaines personnes n'ont même jamais expérimenté cette connexion ; et, pour d'autres, cela fait très longtemps qu'elles n'ont pas vécu un tel moment. Pour comprendre la nature, nous devons y plonger le cœur en premier, et cela demande autant d'attention et de dévouement que toute autre relation importante dans notre vie.

Dans notre culture indigène, certaines personnes ont non seulement une profonde relation spirituelle avec les énergies de la terre, mais elles sont également capables de communiquer avec elles et d'utiliser cette aptitude pour aider les autres à accéder à de profondes connaissances et à la guérison. Les véritables guérisseurs affirment que ce n'est pas eux qui guérissent quoi que ce soit ou qui que ce soit. Ils expliquent qu'ils ne font qu'être présents à l'autre pour que la personne puisse accéder aux connaissances qui lui permettront de se guérir elle-même. Personnellement, j'ai pour habitude de dire que je ne suis qu'un instrument par lequel l'Esprit communique. Je suis un être humain. Si une personne n'est pas prête ou désireuse de se connecter intérieurement, elle ne pourra pas appréhender ces connaissances ou être guérie par cette médecine. Je n'ai aucune autorité pour dire qui est prêt ou apte, et qui ne l'est pas. C'est à chacun de demander à sa guidance intérieure, et c'est elle qui en décidera.

Lorsque nous sommes prêts à nous engager sur ce chemin de guérison et de connaissances spirituelles, nous devons être disposés à approfondir notre relation personnelle avec Terre-Mère et Père Ciel, et à suivre la voie de la pensée indigène au sein même du monde moderne. Nous parlerons ultérieurement de la façon d'établir une relation avec notre Père Ciel, mais pour le moment, la première question est la suivante: «Comment établir une connexion spirituelle avec notre Terre-Mère alors que nous sommes si déconnectés d'elle?» Comme pour toute relation significative, nous devons développer notre relation avec Terre-Mère avec une profonde intégrité, une intention pure, une grande révérence et beaucoup de constance. En d'autres termes, nous devons tomber amoureux d'elle.

Elle est le sable, les roches, le sol et toutes les autres matières qui constituent un espace nourricier pour quasiment tout ce qui vit sur cette planète. Imaginez l'immensité de ce que vous pourriez ressentir si vous étiez le foyer de tous les êtres sensibles qui vivent en vous ou sur vous, et l'amour infini nécessaire pour nourrir toutes les formes de vie.

Imaginez le lever du soleil. On raconte que les anges se rassemblent à l'aube pour admirer sa céleste beauté. Lorsque vous aurez l'occasion d'en voir un, observez comment chaque onde lumineuse illumine tout ce qu'elle touche quand ses particules de lumière frappent chacune des cellules des êtres vivants.

Mais laissons le cosmos de côté pour le moment. Nous pouvons tout autant nous connecter avec l'Esprit en accomplissant des choses quotidiennes – cuisiner et manger, travailler et lire des histoires à nos enfants, faire du sport et rire avec nos amis – que lorsque nous prions. La façon dont nous cheminons dans ce monde est notre prière, et notre vie est notre cérémonie. Cela ne signifie pas que nous allons vivre à tout moment en parfaite harmonie. Nous ne pouvons pas percevoir cette harmonie de près – pour cela, il nous faut nous élever pour avoir une perspective globale.

Pour demeurer dans cette harmonie silencieuse, nous devons nous connecter à notre dignité. La dignité est l'une des vertus les plus essentielles sur Terre et elle est associée au nord. Elle nous apprend à nous ancrer dans notre corps pendant que nous traversons cette expérience humaine, et nous permet d'établir et de développer une relation intime avec notre Terre-Mère. Le respect pour Terre-Mère commence par le respect de nous-mêmes.

Le Créateur a créé nos sœurs-baleines sans aucun véritable moyen de défense, et il les a placées dans l'environnement le plus hostile de la planète – selon les critères humains –, à savoir au grand large des mers et des océans. Le peuple des baleines est un exemple pour tous, il nous montre que la vraie noblesse n'a nul besoin de couronnes ornées de bijoux et de titres aristocratiques fabriqués, ou d'être un superprédateur. Le peuple baleine suscite l'admiration, car il est l'incarnation vivante de la véritable dignité. Des personnes du monde entier naviguent sur les mers et les océans pour en faire l'expérience directe et intime. Cette noble qualité n'est possible que si l'on se libère totalement de toute forme de contrôle sur les autres. En d'autres termes, lorsque nous permettons l'oppression sur autrui ou que nous y recourons nous-mêmes, nous bafouons notre propre dignité.

Nous savons ce que signifie respecter quelqu'un pour ce qu'il est, pour ce qu'il a accompli, ou lorsqu'il fait quelque chose que nous estimons être important. La dignité est le sentiment intérieur de respect de ce que nous sommes, de ce que nous avons accompli et de la façon dont nous nous comportons. En réalité, la dignité est la façon dont nous nous respectons.

Mais la dignité est plus qu'un simple sentiment de respect de soi-même ou de confiance en soi. Elle intègre ces deux qualités, mais elle inclut également le sentiment profond que nous sommes dignes de recevoir ce que l'univers a de mieux à nous offrir en termes d'amour, d'harmonie, de sagesse et de joie. La dignité est la valeur fondamentale de notre identité en tant qu'êtres humains. Cependant, de nombreuses personnes éprouvent des difficultés à ressentir ce niveau élevé d'estime de soi, car il requiert un niveau élevé d'amour de soi. En réalité, peu importe ce que nous avons fait dans notre passé et où nous en sommes dans notre vie, nous méritons tous de nous sentir foncièrement dignes. Nous sommes tous le reflet les uns des autres et de notre environnement. Lorsque nous renions notre dignité, non seulement nous nous renions nous-mêmes, mais nous renions la valeur fondamentale de toute vie sur Terre-Mère.

dignité humaine + compassion + bienveillance = paix

Lorsqu'une société manque de dignité humaine, de compassion et de bienveillance, cela va entraîner des crimes, des conflits et des souffrances. On voit alors certaines personnes revendiquer et mettre en place certains privilèges, comme celui de posséder la terre, de tracer des frontières sur des cartes, ou de construire des murs en fonction de la race, de l'appartenance ethnique ou de leurs fantasmes. Lorsque la société n'honore plus la dignité humaine, des individus malades parviennent facilement à nous convaincre que les seules solutions à certains problèmes sont la division et la guerre. Mais qu'est-ce que la guerre sinon une source de revenus pour les politiciens et un centre de profit pour les entreprises ? C'est ce que nous voulons signifier lorsque nous disons que bafouer ou manquer de dignité est la cause fondamentale d'une grande partie de nos souffrances humaines.

Unissons nos cœurs et nos esprits,
et regardons quelle vie nous voulons créer pour nos enfants.

— Tȟatȟáŋka Yaŋká (chef Sitting Bull)

VERTUS INDIGÈNES : *ÚŊŠILA NA WÓČHAŊTOGNAKE* - COMPASSION ET EMPATHIE

La compassion est la capacité à *ressentir* ce qu'une autre personne ressent. L'empathie consiste à *agir* pour aider une autre personne dans ce qu'elle expérimente, car nous éprouvons de la compassion pour elle. Nous sommes capables à la fois de compassion et d'empathie lorsque nous parvenons à nous mettre à la place de l'autre pour essayer de comprendre ses sentiments et son point de vue, et ensuite utiliser cette compréhension pour nous guider dans nos actions. Nous incarnons la compassion lorsque nous comprenons profondément que l'autre est un reflet de nous-mêmes, et nous incarnons l'empathie lorsque nous l'aidons de façon concrète.

Lilla Watson, une aînée aborigène australienne, nous livre ces paroles empathiques pleines de sagesse :

> « Si vous êtes venus ici pour m'aider, vous perdez votre temps. Mais si vous êtes venus parce que votre libération est liée à la mienne, alors travaillons ensemble. »

C'est une description éloquente de l'empathie, mais en quoi notre libération est-elle liée à celle des autres ? Martin Luther King Jr. l'explique plus en détail. Voici ce qu'il a écrit alors qu'il était enfermé dans une prison de Birmingham, en Alabama :

> « L'injustice, où qu'elle se produise, est une menace pour la justice partout ailleurs. Nous sommes tous pris dans un réseau inéluctable de réciprocité, liés par un destin commun. Ce qui affecte l'un d'entre nous directement nous affecte tous indirectement. »

Le « réseau inéluctable de réciprocité » auquel King fait référence représente le potentiel de compassion des êtres humains, et l'appel à l'action de Lilla Watson – « alors travaillons ensemble » – représente l'empathie. La compassion et l'empathie nous permettent de nous rassembler dans un même esprit, d'aimer avec un même cœur et d'avancer ensemble dans la même direction sacrée en tant que famille unie. C'est le pouvoir des enseignements et de la médecine du nord.

Cela ne veut pas dire que c'est facile. Qu'en est-il de toutes les personnes mal intentionnées ? Comment faire pour œuvrer ensemble à la « libération » de ceux qui commettent continuellement le mal de façon délibérée ? Allons-nous convaincre l'ensemble de l'organigramme des employés de certaines entreprises qu'en effectuant leur travail, ils détruisent l'environnement, favorisent la guerre ou nuisent à la santé et au bien-être des familles ? Bien sûr que non. Leur salaire dépend du fait qu'ils n'acceptent *pas* cette responsabilité. Comment pouvons-nous libérer ces gens ? La réponse est la suivante : nous ne cherchons pas à le faire. Nous nous concentrons sur ceux qui s'éveillent et se libèrent de ces systèmes. Ce sont ces personnes-là que nous pouvons aider, ici et maintenant. À partir de là, l'onde se propagera et notre vibration collective finira par faire tomber les murs de ces institutions et leur façon de penser. Tel est le pouvoir de la compassion et de l'empathie.

Úŋšila – la compassion

Nous pouvons faire l'expérience directe de la compassion lorsque nous sommes capables de regarder au-delà des besoins et des circonstances de notre propre vie et de ressentir réellement les sentiments d'une autre personne. N'oubliez pas qu'il ne s'agit pas uniquement de ressentir la douleur et le chagrin de l'autre, mais également sa joie et son bonheur. La compassion nous permet d'apprendre à nous concentrer sur tout ce qui est bon et merveilleux dans le monde. Afin de contribuer à apporter au monde l'équilibre et la symétrie dont il a tant besoin, efforcez-vous de pratiquer la compassion avec ceux qui souffrent autant qu'avec ceux qui sont dans la joie et l'abondance.

La capacité d'imaginer ce que vit un autre être sensible est essentielle pour notre propre santé et notre guérison, ainsi que celles des autres, mais c'est aussi l'une des principales facultés humaines qui éveillent et renforcent nos sens psychiques – des sens subtils que nous partagions autrefois avec la nature et les nations animales. Grâce à la compassion, nous pouvons établir un lien psychique avec un autre être vivant dans un espace qu'aucun instrument scientifique ne peut détecter ou mesurer. Et, comme avec toute forme de pratique, plus nous demeurerons dans cet espace, plus nous parviendrons à mieux utiliser les différentes énergies psychiques. Notre compassion nous permet d'entrer dans cet espace et de développer nos sens subtils oubliés.

Wóčhaŋtognake – l'empathie

Si la compassion, qui nous permet de comprendre intérieurement ce que les autres ressentent, nourrit notre humanité, l'empathie nous invite *à agir en fonction de ce que nous ressentons*. Le chemin le plus direct vers l'empathie est de prendre conscience que l'autre est nous-même, qu'il s'agisse d'une personne ou de tout être sensible. L'empathie consiste à agir pour aider l'autre dans son vécu, parce que nous éprouvons de la compassion pour lui, indépendamment de l'espèce, de la race, de la nationalité ou de la classe sociale. Lorsque l'humanité fait appel à notre sens collectif de l'empathie, nous pouvons déplacer des montagnes.

Il est vrai que l'empathie peut motiver et mobiliser les masses, mais nous ne pouvons pas agir aveuglément chaque fois que nous nous sentons mal pour quelque chose ou pour quelqu'un. Beaucoup de personnes commettent des abus et des actes de corruption dans le monde, et il existe une multitude de torts à réparer, mais nous nous épuiserions à essayer d'intervenir pour aider à tous les résoudre. Les anciens nous disent que, pour être efficace, l'empathie doit être fondée sur la responsabilité et les limites. Lorsque nous avons le sentiment que quelque chose ne va pas, nous devons évaluer de façon réaliste si nous sommes en mesure – et désireux – d'en assumer la responsabilité. Les personnes dotées d'une grande empathie se retrouvent souvent échaudées par des personnes ingrates, et épuisées à force de trop aider. La clé est de déterminer comment utiliser au mieux notre énergie, puis de fixer des limites. Le monde est vaste; et les souffrances, nombreuses, donc faisons ce que nous pouvons d'une manière responsable pour faire autant de bien que possible.

PRATIQUE SPIRITUELLE : *TȞAŊČHÁŊ* – LE CORPS

Notre corps est une manifestation physique de la Création, dynamique et vibrante. Afin de maintenir ce niveau vibratoire élevé, il nous faut nous immerger dans d'autres éléments de la Création dont les fréquences sont naturellement élevées. Si nous vivons en intérieur ou si nous restons trop longtemps en ville, nous pouvons devenir dépressifs. Lorsque nous nous éloignons de la nature, notre esprit se ferme, nos sens psychiques s'émoussent, et notre cœur se refroidit.

La pratique spirituelle idéale pour notre corps est d'aller dans la nature pour nous ressourcer, nous réénergiser et aussi pour guérir. Nous devons réapprendre à voir avec les «yeux de la forêt». La clé pour contempler la nature est de voir au-delà de *la forme* des êtres qui s'y trouvent. Nous pouvons ainsi comprendre les énergies inhérentes à un système qui fonctionne harmonieusement, et appréhender l'espace et les êtres différemment. Un peu de temps peut s'avérer nécessaire pour se familiariser avec ce concept, car le monde moderne nous a appris que la nature n'est qu'un bel endroit rempli de ressources que l'homme peut exploiter. Essayez de voir les choses de la façon suivante: ce n'est pas le cerf qui traverse la route, mais la route qui traverse la forêt. Percevez-vous cette différence subtile mais profonde? C'est celle qui existe entre voir la nature en étant déconnecté d'elle et voir notre Terre-Mère à travers les yeux de la forêt.

Máni pȟežúta – la marche médicinale (ou marche consciente)

La marche médicinale est une pratique autochtone qui favorise une communion spirituelle entre l'être humain et notre Terre-Mère. Le monde naturel est en communication permanente tout autour de nous ; nous devons apprendre à l'écouter en conscience. Nos ancêtres pratiquaient cette marche, en quête de signes, de présages et d'informations, car ils savaient que le Créateur parle à travers la nature. Aujourd'hui encore, Terre-Mère continue à nous offrir sa clairvoyance, ses réponses et ses guérisons, et la marche médicinale nous permet de les recevoir.

Tout ce que cette pratique exige, c'est de permettre à notre corps d'être en contact direct avec la nature, sans objectif particulier et sans rien accomplir, si ce n'est d'être pleinement présents et de se connecter à l'énergie vivante et vibrante de l'environnement naturel qui nous entoure. Bien que cette approche puisse sembler évidente et que de nombreuses personnes la pratiquent déjà, certains adultes – de toutes générations et de tous horizons – n'ont pas marché pieds nus sur notre Terre-Mère ou creusé le sol à mains nues en étant animés d'une intention spirituelle depuis des décennies, voire jamais. Et il y a des enfants de tous âges qui n'ont jamais eu de contact direct avec la nature en dehors de l'aire de jeux de leur quartier ou lors de quelques sorties scolaires. C'est un véritable problème, car, lorsque les gens n'ont que peu ou pas de connexion avec Terre-Mère, cela peut entraîner de graves conséquences au niveau physique, psychologique et spirituel, ainsi que d'importantes répercussions sociétales. La marche médicinale est l'une des formes de soin spirituel les plus efficaces que l'on puisse pratiquer.

Bien que nos ancêtres indigènes n'aient pas eu besoin de faire des études médicales ou des recherches scientifiques pour comprendre les effets de notre relation avec la nature, de nombreux rapports attestent de ses bienfaits, notamment les suivants :

- amélioration du fonctionnement du système immunitaire ;
- réduction de la tension artérielle ;

- augmentation de la circulation sanguine dans le corps ;
- diminution des distractions mentales et des oublis ;
- amélioration de la concentration, de la mémoire et d'autres capacités cognitives essentielles ;
- diminution des tendances à l'agressivité et aux coups de colère ;
- plus grande capacité à surmonter le stress, la dépression et l'anxiété.

D'autres bienfaits de la marche médicinale ne rentrent pas dans le cadre étroit et rigide de la science moderne coloniale, notamment les puissants effets spirituels et psychiques de notre connexion avec notre Terre-Mère. La marche médicinale peut apporter des améliorations à différents niveaux :

- notre intuition et nos autres sens psychiques ;
- la fréquence et la capacité à faire des rêves lucides ;
- notre faculté à ressentir les différents champs énergétiques naturels ;
- notre capacité à communiquer avec les guides spirituels et les animaux ;
- notre capacité à joindre l'action à nos prières ;
- la conscience des médecines naturelles qui nous entourent ;
- notre capacité à détourner la négativité et à attirer la positivité.

La marche médicinale nous permet également de nous déconnecter de toute la violence et de la négativité présentes sur Internet. Lorsque nous consacrons notre attention aux agressions incessantes auxquelles se livrent les gens entre eux et aux actes horribles perpétrés à l'encontre des autres êtres sensibles et de notre planète, nous finissons par nous dissocier de nos valeurs morales et de nos vertus, et nos sens s'émoussent. L'être humain ne peut pas gérer toutes les douleurs, les souffrances et la cruauté auxquelles nous sommes constamment exposés sur Internet et qui engendrent de nombreuses maladies du cœur, de l'esprit et du corps. Il est essentiel de se déconnecter du monde virtuel et de se connecter à la nature pour guérir et régénérer notre force vitale.

Pratique de la marche médicinale

La marche médicinale peut être pratiquée dans tout endroit où l'on est en contact direct avec la nature. Elle ne nécessite pas de cérémonie élaborée ou spectaculaire, car elle se veut une expérience authentique, sobre et simple. Commencez par poser l'intention que votre marche puisse contribuer de la façon la plus bénéfique au développement de votre connexion sacrée avec Terre-Mère, ses pouvoirs de guérison et la sagesse de ses enseignements.

Puis ralentissez le flot de vos pensées dispersées, et ramenez votre attention dans votre corps. Concentrez-vous sur la région de votre cœur, et prenez quatre respirations lentes et profondes. La pratique de la marche médicinale demande d'avoir le cœur et l'esprit ouverts pour pouvoir recevoir clairement toute information. Votre cerveau étant sans cesse en activité, il lui faudra certainement un peu de temps pour s'adapter au rythme et aux vibrations du monde naturel. Aussi, faites autant de séries de quatre respirations lentes et profondes que nécessaire pour permettre à votre corps et à votre cerveau de se détendre dans le moment présent.

Ensuite, saluez le lieu et présentez-vous. Demandez la permission d'entrer dans cet espace sacré en expliquant la raison de votre présence, déposez une offrande, puis remerciez. Vous pouvez, par exemple, dire : « Magnifique Terre-Mère, je t'offre humblement ce tabac et je te demande la permission d'entrer dans ton espace sacré. Aide-moi à trouver la clarté et la direction à suivre concernant [tel problème ou situation, formulez ce qui vous préoccupe] auquel je suis confronté en ce moment dans ma vie. *Mitákuye oyás'iŋ*. Merci. » Restez simple et clair, déposez votre offrande, et commencez votre marche.

Utilisez tous vos sens pour vous connecter au monde naturel qui vous entoure. Puis, quand vous le sentirez, trouvez un endroit où vous asseoir et observez ce que Terre-Mère a à partager avec vous. Vous pouvez utiliser les méthodes suivantes pour vous aider à recevoir, en conscience, le message que Terre-Mère désire vous transmettre :

- Dans quelle direction souffle le vent ? Vient-il du nord ou du sud ? De quelle direction ce ruisseau vient-il, et dans quelle direction se dirige-t-il ? Observez la direction d'où viennent et où vont les forces naturelles, car les leçons et la sagesse que ces directions contiennent peuvent être utiles pour comprendre tout ce qui sort ou entre dans votre vie, ou pour trouver les réponses ou les guérisons que vous cherchez.
- Beaucoup d'entre nous se fient tellement à leur perception visuelle du monde qu'ils ont oublié comment voir sans leurs yeux. En fermant les yeux, vous aiguiserez vos autres sens et découvrirez le monde qui vous entoure en réapprenant à voir avec votre regard intérieur. Fermez les yeux et concentrez-vous sur les sons les plus proches et les plus éloignés que vous pouvez entendre. Une fois que vous avez isolé un son, essayez d'imaginer en détail ce qui le provoque. Ouvrez les yeux et cherchez d'où vient ce son. Il s'agit peut-être d'une fourmi en train de traîner un papillon de nuit vers sa fourmilière, ou d'un bosquet d'arbres dont les feuilles frémissent sous la brise. Observez tous les détails associés à ce son, puis fermez à nouveau les yeux. Réimaginez la scène et ce qu'il se passe. En procédant ainsi, vous apprenez à vous identifier à la nature et à vous mettre en phase avec elle.
- Restez assis, les yeux fermés, et prenez quelques instants pour vous recueillir. Ouvrez ensuite lentement les yeux en veillant à ne pas vous concentrer sur quelque chose en particulier. Puis laissez votre intuition et vos sens subtils vous guider vers un objet – ce peut être une plume, un coquillage, une pomme de pin ou une feuille. Disons que c'est une pierre. Ramassez-la puis asseyez-vous avec elle et prenez un moment pour imaginer ce qu'a été sa vie. Vous pouvez lui demander de vous libérer de vos soucis. Pour ce faire, transférez énergétiquement votre problème dans la pierre, puis posez-la sur la terre ou dans l'eau, et laissez ces éléments se charger de dissoudre ce qui vous préoccupe. Si, par exemple, vous transférez votre prière pour être libéré

d'un problème dans une plume, placez celle-ci au-dessus du sol dans un endroit où le soleil pourra rayonner sur elle pendant la journée, où la lune pourra l'éclairer pendant la nuit, et où le vent pourra tourbillonner autour d'elle puis l'emporter avec votre prière jusqu'aux confins de la Terre.

- Si vous voulez entrer en contact avec les entités du monde naturel, comme le petit peuple et les esprits de la nature, vous devez leur parler. Présentez-vous simplement à eux et faites-leur une offrande – du tabac, de la nourriture ou de l'eau. Veillez à ne rien introduire sur le lieu ou à laisser, derrière vous, quelque chose qui n'est pas naturel. La langue que nous parlons peut ne pas être comprise, mais l'énergie qui émane du ton de notre voix sera perçue. Si établir une connexion directe avec les entités du monde naturel peut prendre un certain temps, lorsque vous y parvenez, cela peut changer votre vie à jamais. En effet, vous découvrez alors que ce que vous pensiez être des mythes et des légendes ne sont pas de simples fantaisies. Pour établir cette connexion, la constance est essentielle. Vous devrez donc continuer à revenir régulièrement au même endroit et à y déposer vos offrandes. Il est possible qu'un jour vous constatiez qu'un cadeau vous a été déposé en retour ! La relation entre un être humain et une entité du monde naturel est extrêmement sacrée, et doit être nourrie avec le plus grand respect et dans le plus grand secret, afin de protéger la ou les entités en question.
- Laissez l'endroit dans un meilleur état que celui dans lequel vous l'avez trouvé. Si vous trouvez des déchets, emportez-les avec vous. Laissez le lieu en parfait état.

Si les conditions le permettent, tenez-vous debout, pieds nus sur la terre. Libérez tout ce que vous avez retenu – la colère, la peur, la honte, la frustration, une dispute, une inquiétude due à une facture impayée, ou un stress par rapport à une tâche que vous n'avez pas pu effectuer. Détendez votre corps et libérez tout. Laissez simplement la terre l'absorber. La terre est un filtre, et elle peut transmuter toutes les toxines énergétiques et la négativité que vous y déposez.

Posez maintenant vos mains sur le sol pour recevoir ce que Terre-Mère veut vous donner. Si vous vous sentez à l'aise pour le faire, mettez-vous à genoux et posez votre front directement sur le sol et dites : « S'il te plaît, enseigne-moi. » Il n'est pas nécessaire de préciser ce que vous voudriez savoir, car Terre-Mère le sait, et elle vous donnera toujours ce dont vous avez besoin si vous demandez et donnez aussi en retour.

Et, bien sûr, étreignez un arbre.

Háu, mitákuye oyás'iŋ

CHAPITRE VI

WANKATAKAB – LE HAUT

LE GRAND MYSTÈRE

De Wakáŋ Tȟáŋka, le Grand Esprit, est venue une grande force de vie unificatrice qui a traversé et imprégné toutes choses – les fleurs des plaines, les vents qui soufflent, les rochers, les arbres, les oiseaux, les animaux –, et c'était la même force qui avait été insufflée dans le premier homme. Ainsi, toutes choses étaient apparentées et réunies par le même Grand Mystère.

– Matȟó Nážiŋ (chef Luther Standing Bear)

Le Grand Mystère est la force vitale qui influence et inspire tout ce qui se trouve dans le royaume sacré de Grand-père Ciel. Aussi, l'idée même de le définir est assez absurde, car peu importe combien nous nous efforçons de le comprendre, nous n'y parviendrons jamais. Même si nous réunissions les plus grands scientifiques contemporains, les philosophes libres penseurs les plus remarquables et les maîtres spirituels les plus éclairés, ils ne parviendraient jamais à appréhender pleinement ou à résoudre le Grand Mystère. Par conséquent, il est préférable de simplement apprécier d'être ici, d'être humain, et de profiter du moment en étant conscient que la félicité, la beauté et la compréhension de l'infini ne peuvent être appréhendées dans cette vie. La réponse au Grand Mystère viendra – comme elle vient pour nous tous – bien assez tôt.

En attendant, ce que nous savons, c'est que nous sommes faits de poussière d'étoile. En réalité, nous sommes simplement de l'eau et de la poussière d'étoile maintenues ensemble par le chant de l'univers. Chacun d'entre nous est porteur de la médecine des étoiles ; l'énergie divine et sacrée qui anime les étoiles influence également notre destin en tant que semences d'étoiles. Le Grand Mystère est peut-être impénétrable, mais les ancêtres nous ont dit qu'il est en parfaite harmonie. Si nous essayons de vivre en fonction des critères de ce monde et des attentes humaines, au lieu de permettre à notre vie de se dérouler en harmonie avec le Grand Mystère, nous ne ferons que nous imposer des souffrances et des luttes inutiles. Diverses cultures autochtones partagent un même enseignement : « Le chemin le plus long qu'un homme ait à parcourir au cours de sa vie est celui qui va de sa tête à son cœur », même si les versions diffèrent. Cela signifie que nos expériences humaines, ici sur Terre, sont le reflet des mouvements des corps célestes au-dessus de nous. Considérez, par exemple, l'interrelation entre notre esprit conscient supérieur et nos actions physiques inférieures. Il existe une correspondance entre le haut et le bas, le plus élevé et le plus infime, le plan éthéré et le plan terrestre. En définitive, c'est une façon de dire que toute action a une réaction égale et opposée et que, pour toute vérité, il existe également une vérité égale et opposée.

Le Grand Mystère est une force neutre qui ne juge ni ne punit aucun être sensible. Mais comme nous, les humains, avons peur de l'inconnu et ne pouvons pas appréhender le mystère qui sous-tend la façon dont les choses se passent, nous qualifions nos expériences de « bonnes » ou « mauvaises » en nous basant sur nos perspectives et nos expériences subjectives humaines. Lorsqu'on étiquette les choses, les gens et les expériences, on ne voit que ce que l'on a été conditionné à voir, quelle que soit l'ouverture d'esprit que l'on pense avoir. Aucune expérience – bonne ou mauvaise – n'est destinée à nous récompenser ou à nous punir, mais uniquement à nous enseigner des leçons que nous pourrons approfondir et appliquer dans notre vie.

ÉNERGIE PRIMORDIALE : *BLOKÁ* – LE MASCULIN

Les directions sacrées du haut et du bas sont intimement liées aux enseignements relatifs à la symétrie de la vie. En effet, non seulement le monde est lié au monde terrestre, mais les énergies primordiales le sont également. L'énergie primordiale associée au haut est masculine, et celle associée au bas est féminine.

Le principe masculin a très peu à voir avec le fait d'être de sexe masculin. Certaines choses sont énergétiquement associées au principe masculin, comme le ciel, le feu, la chasse et le travail d'ensemencement de la terre ; et d'autres sont associées au principe féminin, comme la terre, l'eau, la cueillette et la récolte. Par ailleurs, rien n'est totalement masculin ou féminin en permanence – nous sommes parfois connectés à notre énergie féminine, et parfois à notre énergie masculine. Sur l'échelle masculin-féminin, chacun de nous possède son point d'appui naturel.

Dans de nombreuses cultures indigènes, l'énergie féminine est associée à la Création ; et l'énergie masculine à ce qui est fonctionnel. Par exemple, les femmes passent par un rite de passage très viscéral ; le cycle lunaire/menstruel de la femme est un rituel mensuel de purification pour la préparer à potentiellement concevoir la vie. Les hommes n'ont pas de rituel similaire, ils doivent donc se purifier et se préparer spirituellement par d'autres moyens. C'est pourquoi les hommes participent à des cérémonies de purification comme la hutte de sudation et d'autres rites de passage associés à la virilité. Les étapes de la virilité sont comme des graines qui restent dormantes jusqu'à ce qu'un ensemble de conditions engendre un moment catalyseur qui permette de passer d'un niveau de virilité à un autre. Cependant, dans le monde actuel, ces rites de passage pour les hommes ont pratiquement disparu, se résumant à l'achat du dernier modèle de téléphone, de la nouvelle version d'un jeu vidéo ou à l'autorisation de consommer de l'alcool à l'âge de la majorité. Ce ne sont pas des rites spirituels de passage, et ils n'apportent rien de substantiel à la vie.

Devenir un « homme » n'a rien à voir avec l'âge ou l'apparence. Certains hommes de 40 ans sont encore des garçons, et certains garçons de 16 ans sont déjà des hommes. Être un homme, ou viril, est lié au sens de la responsabilité le plus élevé qui soit, celui envers soi-même, la Terre et les êtres vivants qui l'habitent.

En l'absence de tels rites, un grand nombre d'hommes ont du mal, plus tard dans leur vie, à s'approprier la notion de ce qu'est « être un homme ». Beaucoup d'hommes adultes n'ont aucune idée de ce qu'ils sont censés ressentir en tant qu'hommes, et leur déconnexion de la virilité est l'un des facteurs les plus importants – et passé sous silence – qui contribue aux difficultés et aux états dépressifs qu'ils rencontrent dans leur vie.

Si un homme baisse sa garde émotionnelle, il est souvent considéré par les autres hommes comme une « mauviette » ; s'il prend en considération la morale et les émotions plutôt qu'uniquement la logique, il est considéré comme quelqu'un de faible ; s'il dénonce les traumatismes que le patriarcat et la misogynie ont causés aux femmes, il est considéré comme un traître au système de fraternité qui maintient les hommes au pouvoir ; et s'il enfreint l'une des règles tacites du cercle masculin, les autres hommes ne tardent pas à le mettre en échec, et ces types de comportement continuent de se développer. La bonne nouvelle est qu'il existe des hommes bons qui œuvrent pour les changer.

Qu'est-ce qui fait défaut aux hommes ?

Pendant des milliers d'années, les jeunes étaient chargés de certaines tâches, comme nourrir les animaux, travailler la terre, planter et récolter, chasser et cueillir, et autres responsabilités qui contribuaient à la vie du foyer et de la communauté. À notre époque, nos jeunes n'ont que peu ou aucune responsabilité individuelle qui contribue directement à aider, à prendre soin et à protéger leur famille ou leurs voisins.

Lorsqu'un jeune atteint l'âge adulte sans pouvoir assumer la responsabilité de subvenir aux besoins de sa famille et la protéger ainsi que sa communauté et son environnement naturel, la déconnexion de ces responsabilités peut se traduire par de l'égoïsme, de la mesquinerie, de l'apathie et des jugements. Ces hommes adultes ont tendance à être prompts à la colère et au blâme. Notre monde actuel a désespérément besoin que les hommes guérissent de ce traumatisme ancestral, car il contribue à la pandémie mondiale de la misogynie et du patriarcat.

L'une des principales leçons pour devenir un homme est celle du sens des responsabilités – notamment en apprenant dès le plus jeune âge et jusqu'à l'âge adulte qu'en définitive: «Je suis entièrement responsable de moi-même.» Cela ne signifie pas être égoïste ou égocentrique, mais, au contraire, que nous sommes responsables de notre vie ainsi que des choses et des êtres qui en font partie. Retrouver la compréhension de ce que signifie fondamentalement «être responsable» commence en adoptant trois comportements:

1. **Subvenir aux besoins**: je suis responsable de subvenir à mes besoins et à ceux des autres, en agissant de la bonne manière.
2. **Prendre soin**: je suis responsable de contribuer au bon épanouissement des autres et de moi-même, en agissant de la bonne manière.
3. **Protéger**: je suis responsable de veiller à la sécurité et au bien-être des autres et de moi-même, en agissant de la bonne manière.

Lorsque les hommes n'assument pas la responsabilité de ces trois comportements fondamentaux, ils perdent leur virilité et leur vitalité; et leur lumière intérieure s'affaiblit. Pour un homme, suivre la voie de la pensée indigène signifie réfléchir aux moyens de subvenir aux besoins, prendre soin et protéger son village et Terre-Mère, ainsi que lui-même.

LA GRANDEUR D'UN HOMME

Autrefois, lorsqu'une jeune femme d'une tribu des plaines du Nord se sentait prête à se marier, elle le faisait savoir à son père. Elle pouvait choisir son mari, mais son père devait donner son accord. Pour cela, le prétendant devait se présenter devant le père et lui faire part de ses intentions. Et, s'il était considéré comme un compagnon acceptable pour sa fille, le père lui donnait un défi à relever.

Le défi lancé par le père au prétendant – qui pouvait être « rapporte un bison pour notre famille » ou « ramène-nous quatre chevaux de la tribu pawnee » – peut sembler, à première vue, ordinaire pour cette époque de l'Histoire. Mais chasser un bison ou voler les chevaux d'une autre nation de farouches guerriers étaient des exploits qui mettaient la vie en danger – et la capacité à accomplir ces choses dépendait entièrement de la façon dont l'homme avait été éduqué depuis son enfance jusqu'à l'âge adulte.

Avant de pouvoir chasser le bison, l'homme devait avoir appris, auprès des autres hommes de son village, comment tailler une pointe de flèche en silex. Bien que cela puisse sembler une compétence basique pour l'époque, pour maîtriser la fabrication d'une pointe de flèche capable de pénétrer la fourrure laineuse et la peau épaisse d'un bison, l'homme devait en avoir fabriqué des milliers auparavant. Il faut considérer également les nombreuses années passées à apprendre à fabriquer la hampe de la flèche, à préparer le bois pour fabriquer l'arc, à fabriquer le tendon pour la corde, comment décocher la flèche avec une plume spécifique selon le type d'animal ; sans parler des centaines de sorties de chasse encadrées par les meilleurs chasseurs du camp, et des milliers de tirs effectués avec l'arc pour être capable de décocher la flèche au bon moment. Cela signifiait aussi être confronté aux accidents qui se produisaient pendant la chasse, survivre aux éléments imprévisibles, et prendre part à des opérations guerrières en s'enfonçant en territoire ennemi, et subir des défaites. Sans oublier de mentionner toutes les histoires, les leçons, les chansons, les connaissances et autres compétences qu'il devait acquérir pendant ses années de croissance.

La demande du père au prétendant était, en réalité, un véritable test de courage, d'habileté et de mérite qui lui permettait de décider si cet homme était digne d'épouser sa fille. S'il était capable d'accomplir une telle tâche, cela signifiait qu'il avait accompli ses rites de passage avec honneur et qu'il serait capable de subvenir aux besoins de sa famille et de sa communauté, d'en prendre soin et de les protéger.

VERTUS INDIGÈNES : *OHÓLA NA YUÓNIHAŊ* – RESPECT ET HONNEUR

Le mot *supérieur* fait référence à l'énergie spirituelle du haut. C'est pourquoi nous l'utilisons pour désigner certains concepts, tels que le sens supérieur, le pouvoir supérieur, le soi supérieur, la connaissance supérieure, etc. Ces mots sont associés au terme *supérieur* pour souligner la différence entre leur sens ordinaire et leur sens spirituel. Le mot *supérieur* désigne ainsi directement la façon dont nous nous considérons et dont nous considérons les autres du point de vue spirituel.

Le respect et l'honneur sont associés à la direction sacrée du haut, car ils sont corrélés au pouvoir de notre moi supérieur, c'est-à-dire au respect de soi.

Ohóla – le respect

Le respect est le sentiment intérieur que nous éprouvons pour quelqu'un lorsque nous l'admirons pour la façon dont il se comporte dans la vie. Le respect ne se donne pas spontanément, il se mérite. Et, comme pour l'intégrité, il faut parfois beaucoup de temps pour le gagner, et il suffit d'un instant pour le perdre.

Le respect de soi représente la façon dont nous nous considérons, c'est-à-dire ce que nous pensons de nous-mêmes, la façon dont nous nous parlons, prenons soin de notre corps, suivons nos passions, demandons de l'aide quand nous en avons besoin, dont nous faisons confiance à notre intuition et fixons nos limites. Le respect de soi est aussi la façon dont nous assumons la responsabilité de notre vie, en sachant apprécier notre véritable valeur et nous aimer.

Lorsque nous possédons un fort sentiment de respect envers nous-mêmes, toutes nos petites imperfections ne nous apparaissent pas comme telles. Avoir le respect de soi, le courage d'être simplement qui nous sommes, est la meilleure façon d'être présents et de contribuer au monde.

Yuónihaŋ – l'honneur

Lorsque nous honorons une personne, nous sortons de notre pudeur et lui montrons que nous la respectons, l'aimons et l'apprécions pour ce qu'elle est, ou pour quelque chose qu'elle a accompli. L'une des meilleures façons – et la plus facile – d'apprendre à honorer quelqu'un est d'exprimer nos sentiments plutôt que de les garder pour nous. Nous pouvons, par exemple, honorer nos ancêtres en disposant une offrande de nourriture sacrée; honorer nos proches en leur disant tout le bien que nous pensons d'eux; et honorer les personnes que nous croisons dans notre vie quotidienne en leur faisant savoir que nous les respectons pour ce qu'elles sont ou ce qu'elles ont accompli.

Lorsque nous honorons quelqu'un ou quelque chose, nous déclenchons une puissante réaction en chaîne, car, lorsque d'autres personnes nous voient faire, elles sont inspirées à faire de même. Mais honorer les autres demande du courage, car il est difficile de surmonter l'énergie dense de notre pudeur et d'être suffisamment ouverts pour exprimer nos sentiments sans rien attendre en retour. Cependant, nous ne recherchons pas la perfection. Nous évoluons simplement sur la voie d'une plus grande réalisation de soi, qui fait partie du respect que nous portons à notre vie sur Terre.

ASPECT PERSONNEL : *WÓOHOLA* – RÉVÉRENCE

Faire preuve de révérence est un moyen de témoigner au monde spirituel que nous reconnaissons son existence. Il arrive souvent que les gens associent les mots *vénération* et *révérence*, probablement parce que la révérence nous incite à voir au-delà de nous-mêmes et à reconnaître tout ce qui existe par-delà ce monde et cette vie. La révérence spirituelle résulte de l'ensemble des vertus et des valeurs morales présentes dans la roue de la médecine : la modestie, l'humilité, l'empathie, la compassion, la gratitude, la générosité, l'honnêteté, l'intégrité, etc.

Nous pouvons faire preuve de révérence pour différentes choses, pour la nature, pour une personne particulière, pour un groupe de personnes ou même pour une période de l'Histoire. Mais nous devons aussi avoir de la révérence pour nos ancêtres. Vos ancêtres vous soutiennent. Ils vous aident à éliminer les obstacles qui se dressent devant vous, vous éclairent et vous guident depuis le monde invisible.

L'une des façons dont les peuples indigènes honorent leurs ancêtres est de les nourrir. Lorsque nous mangeons, nos ancêtres mangent avec nous. Cette coutume remonte à des milliers d'années, et on la retrouve dans presque toutes les tribus autochtones sur chaque continent. L'offrande de nourriture que les Lakotas préparent pour leurs ancêtres s'appelle *waéglepi* – ou « plat sacré ». Cette offrande de nourriture permet de maintenir une communication paisible entre nous et nos ancêtres, et de leur faire savoir qu'ils sont les bienvenus dans notre maison ou dans un rassemblement.

Tout le monde peut pratiquer cette forme de révérence ancestrale. Il suffit de prendre une petite quantité de chaque aliment que vous mangez (la quantité d'une fourchette) et de la déposer dans un petit bol, sur une assiette ou même sur une serviette. Ajoutez aussi un peu d'eau, de café ou de toute autre boisson que vous consommez (une cuillerée suffit).

Un jour, nous serons nous aussi des ancêtres.

Les anciens nous disent que nos ancêtres reconnaissent cet acte de révérence, car il leur montre que nous pensons à eux et que nous savons qu'ils sont toujours parmi nous. N'oubliez pas que notre vie prendra fin dans ce monde et qu'elle continuera dans l'autre monde. Nous pourrons alors, nous aussi, voir notre famille terrestre depuis l'autre côté. Et, lorsqu'ils disposeront pour nous une offrande de nourriture sacrée, ils nous feront savoir, à leur tour, qu'ils savent que nous sommes toujours avec eux.

PRATIQUE SPIRITUELLE : *IHÁŊBLA* – LE RÊVE LUCIDE

De nombreuses cultures indigènes entretiennent un rapport intime avec le monde des rêves. Elles utilisent intentionnellement leurs rêves pour se connecter au Grand Mystère et au monde des esprits. Les chefs spirituels amérindiens sont fréquemment consultés pour l'interprétation des rêves, car ils pratiquent le rêve lucide – ou ce que les Lakotas appellent *« spirit dreaming »*. Mais la pratique du rêve lucide n'est pas spécifique au peuple lakota, le monde du rêve est accessible à tous. Certaines personnes trouvent des significations à leurs rêves, et certains rêves se manifestent spontanément aux personnes qui en ont besoin.

Les ancêtres nous ont dit que, depuis des milliers d'années, le rêve lucide était un moyen pour eux de communiquer. C'est ainsi que les hommes-médecine eurent accès à la connaissance des étoiles, aux plans des pyramides, pratiquaient la guérison à distance, ou envoyaient des avertissements. Toutes ces choses, qui laissent les ingénieurs, archéologues, historiens et anthropologues contemporains perplexes, peuvent être attribuées à l'ancienne pratique du rêve lucide chez les autochtones.

La pratique du rêve lucide n'est pas difficile, mais, comme tout ce que nous voulons maîtriser, cela demande du dévouement et une pratique régulière. Nous avons certainement tous fait, un jour, un rêve puissant dans lequel, par exemple, nous volions ou faisions quelque chose qui semblait si réaliste que nous ne pouvions pas discerner si nous étions dans notre réalité éveillée ou dans le monde des rêves. Cette expérience est tellement étonnante qu'on ne peut s'empêcher de rester ébahi lorsqu'on la vit.

Imaginez maintenant que vous puissiez rester dans ce rêve tout en pouvant prendre des décisions et agir consciemment – voilà ce qu'est un rêve lucide. Vous pourriez vous déplacer vers un endroit spécifique, au lieu de le faire de façon aléatoire ; vous pourriez avoir une véritable discussion avec quelqu'un, au lieu de vous contenter de bribes de phrases ou de propos incompréhensibles ; ou vous pourriez recevoir des messages directement depuis le monde des esprits. Et, avec le temps, en développant votre pratique, vous pourriez rapporter des informations utiles dans notre monde physique.

Comment commencer à pratiquer le rêve lucide

Ce soir, quand vous irez vous coucher, répétez-vous ceci : « Je me rappellerai que je suis en train de rêver. » Restez concentré sur cette phrase et ne laissez pas d'autres pensées venir vous interrompre. Continuez à la répéter intérieurement pendant que vous vous endormez. Lorsque vous serez dans l'état de rêve, votre subconscient va se charger de vous rappeler que vous êtes en train de rêver, et vous permettre d'en avoir conscience. Il vous faudra alors faire quelque chose pour vérifier dans quelle réalité vous vous trouvez. Vous pouvez, par exemple, vous pincer ; si vous ne ressentez aucune douleur, vous saurez que vous êtes dans le monde des rêves. Vous pourrez alors explorer délibérément vos rêves sans être limité par les lois physiques ; vous pourrez poser toutes les intentions que vous souhaitez.

Pratiquez, pratiquez, et pratiquez encore ! Comme pour le roller ou le patin à glace, vous n'y arriverez peut-être pas la première ou la deuxième fois, mais, une fois que vous saurez vous y prendre, vous vous demanderez pourquoi tout le monde ne le fait pas ! Pendant un rêve lucide, nous pouvons demander à l'univers d'éliminer tout obstacle et de nous protéger de tout danger (connu ou inconnu) lorsque nous sommes à l'état de veille. Nous pouvons demander des éclaircissements ou des faveurs pour nous-même, notre famille et tous les êtres vivants sur notre Terre-Mère. Nous pouvons aussi demander de pouvoir soulager la souffrance de ceux qui sont maltraités, malades, affectés par la guerre, ou opprimés. Par la suite, avec de la pratique, quand vous serez à l'état de veille et que vous aurez besoin d'une solution à un problème, vous saurez exactement quoi faire, comme si la réponse vous était spontanément donnée. Bien souvent, vous n'aurez rien à faire, car le monde des esprits aura envoyé l'énergie nécessaire pour que les choses se résolvent d'elles-mêmes, sans aucun effort de votre part.

Háu, mitákuye oyás'iŋ

CHAPITRE VII

KHUTA – LE BAS

LA SOURCE DE VIE

Terre-Mère est la source de vie,
elle n'est pas une ressource.

– Chef Arvol Looking Horse

Les jungles et les forêts sont les poumons de Grand-mère Terre ; le vent poussé par les tourbillons océaniques est son souffle ; les ruisseaux, les rivières et les fleuves sont son système vasculaire ; l'eau qui circule à travers eux est son sang ; et la terre sous nos pieds est sa chair. À tous les niveaux, la Terre possède sa propre physiologie.

Lorsque nous évoquons la direction sacrée du bas, nous faisons référence aux enseignements et aux médecines indigènes de Grand-mère Terre, qui est la source de toute vie. Grand-mère Terre tisse l'histoire de la vie sur Terre, et le Créateur lui offre le fil pour le faire.

GRAND-MÈRE TERRE

Notre relation spirituelle non physique et notre relation physique avec la Terre sont toutes deux associées à Grand-mère Terre. Ainsi, dans la tradition lakota, lorsque nous faisons référence à notre Grand-mère ou à notre Mère, il est implicite que nous honorons notre relation sacrée avec la Terre.

Chacun d'entre nous est un enfant unique et un descendant direct de Grand-mère Terre. Chacun de nous représente un fil vivant de la trame de notre humanité ; nous sommes tous entrelacés dans le monde spirituel et le monde physique de Grand-mère Terre. Tous ensemble, unis par cette même compréhension, nous formons le tissu de l'existence. Nous partageons tous la même mère ; nous sommes tous reliés, et nous formons tous une seule nation.

ÉNERGIE PRIMORDIALE : *YUWÍŊYAŊ S'E* – LE FÉMININ

Grand-mère Terre représente l'énergie spirituelle féminine qui accueille tout ce qui fait de nous des êtres humains. Elle nous offre un espace accueillant pour prier et offrir notre gratitude au Créateur, et protège le sol où nous cultivons notre nourriture et récoltons nos médecines. C'est l'énergie bienveillante qui nourrit ceux qui reviennent dans le ventre des femmes, et qui sanctifie le sol où nous enterrons nos êtres chers lorsqu'ils retournent à la maison. C'est Grand-mère Terre qui bénit la terre où nous faisons nos cérémonies, où nous devenons parents et donnons un nom à nos enfants. Elle est porteuse de la médecine féminine qui nous offre *la vie.*

L'énergie féminine représente la matrice spirituelle qui contient la force vitale de la Terre et de tout ce qui s'y trouve. Le pouvoir du féminin est incommensurable – et c'est pourquoi les structures du pouvoir patriarcal ont désespérément tout fait pour étouffer la vérité du féminin pendant des milliers d'années. Mais la puissance du féminin est trop grande pour être éternellement réprimée ; et nous entrons, maintenant, dans une période où l'énergie masculine cède la place à l'énergie féminine. Il est grand temps. L'avenir est féminin.

Nous devons encourager l'essor du pouvoir féminin en remerciement de toutes les bénédictions que l'énergie spirituelle féminine nous a accordées. Nous pouvons le faire en soutenant nos femmes, en les encourageant à faire valoir leur force, en respectant leur intelligence égale, voire supérieure, en réclamant que leur énergie et leur voix aient leur place et en les élevant aux plus hauts postes des structures de pouvoir afin qu'elles puissent redynamiser nos systèmes spirituels défaillants. Le salut de l'humanité sera porté par le pouvoir du féminin.

TISSER LA PAROLE

Les Philippines sont un pays composé de plus de 7 000 îles et comptant de nombreuses populations indigènes. Les Philippins sont des maîtres tisserands de renommée mondiale ; leurs tissages évoquent des motifs et des symboles qui représentent leurs ancêtres, leur folklore, leur spiritualité axée sur la nature, et divers autres aspects de leur magnifique mode de vie.

Autrefois, dans certains villages, les filles participaient à des rites de passage traditionnels par le biais de l'art du tissage. Dès son plus jeune âge, la fillette restait assise auprès de sa mère pendant que celle-ci récoltait, grattait, rinçait et battait les matières végétales pour en faire des fibres fines. Elle s'asseyait aussi aux côtés des autres femmes du village pendant qu'elles travaillaient les minéraux de la terre et les tanins des écorces pour fabriquer la teinture pour le fil ; et, tandis que les métiers à tisser complexes étaient installés, elle apprenait en observant. Plus tard, elle se rendait chez des tantes, des grands-mères et d'autres gardiennes de sagesse du village et restait auprès d'elles pour discuter et apprendre l'art du tissage. Ces femmes accordaient une grande attention à la jeune fille à mesure qu'elle grandissait, pour lui transmettre au juste moment certaines leçons et récits spécifiques.

À chaque étape de sa vie, la jeune fille apprenait les différentes façons de tisser des étoffes et autres accessoires, mais il y avait un type de tissage auquel elle se consacrerait toute sa vie : le tressage des paniers en fibres végétales. Il faut de nombreuses années pour maîtriser l'art de la vannerie. On dit que, lorsqu'une fille devient une jeune femme et qu'elle est capable de tresser des fibres végétales si finement que ses paniers peuvent contenir de l'eau, elle est alors prête à fonder une famille.

VERTUS INDIGÈNES : *WÓWAČHAŊTOGNAKE NA OTÚȞ'AŊ* – GÉNÉROSITÉ ET RÉCIPROCITÉ

Wówačhaŋtognake – la générosité

Le *sens* de la vie est de découvrir ce qui nous passionne ; et, une fois que nous l'avons découvert et développé, le *but* de la vie est de partager notre don. Notre don est ce qui nous vient naturellement, c'est un talent que nous avons probablement pratiqué pendant plusieurs incarnations. C'est en le vivant pleinement, en nous soutenant nous-mêmes – pas seulement financièrement, mais aussi spirituellement – et en l'intégrant dans notre cheminement sur la voie rouge, que nous pouvons pleinement le partager avec les autres.

Sur la voie rouge, lorsque nous donnons, nous ne considérons jamais que quelque chose nous est dû en retour. Nous ne comprenons pas le concept de propriété – même la propriété des idées et des connaissances. Dans la culture occidentale, lorsque quelqu'un a une idée, elle appartient à cette personne – elle est brevetée, protégée par des droits d'auteur ; c'est la sienne. Mais, dans les cultures indigènes, nous réfléchissons ensemble et partageons nos idées. Si quelqu'un prend une idée et la met à profit, il s'agit d'un emprunt et non d'un vol, car l'idée n'appartient à personne. Le principe est le suivant : une idée ne m'appartient pas, je ne suis que la personne par qui elle s'est manifestée. Quelqu'un d'autre peut l'emprunter, mais il ne peut pas la posséder – et moi non plus.

Cette forme de générosité, qui n'inclut pas la notion de propriété, peut contribuer à changer le monde ; elle exige cependant que l'on prenne soin de soi. Faire preuve de générosité est une bonne chose, mais cela ne doit pas avoir pour conséquence de nuire à notre propre santé, à notre bonheur ou à notre bien-être. Gardons à l'esprit que nous ne sommes pas des martyrs. Nous devons d'abord être généreux avec nous-mêmes, en commençant par notre esprit. Ce n'est, sinon, qu'une question de temps avant que celui-ci se manifeste pour exprimer ses besoins, et il est possible qu'à ce moment-là nous ne soyons pas dans une phase de notre vie où nous serons capables d'y répondre. C'est alors que la vie peut devenir difficile.

Otúȟ'aŋ – la réciprocité

La réciprocité est comme un écho. Tout ce que l'on sème nous reviendra multiplié. C'est pourquoi la réciprocité est à la fois la cause première de nos souffrances personnelles et le secret de l'abondance. Avec les bonnes relations dans le bon environnement, l'échange réciproque d'énergie spirituelle peut se développer de manière exponentielle, jusqu'à ce qu'un phénomène tout à fait étonnant se produise : un état d'équilibre divin. Cet équilibre se produit lorsque l'énergie spirituelle se nourrit et se développe dans un cycle complet, comme celui du cercle sacré de la vie.

À Standing Rock, durant les mois de contestation contre le projet Dakota Access Pipeline, nous avions stocké une pile de bois qui faisait la taille d'une petite maison. À mesure que les températures baissaient et que beaucoup d'entre nous avaient besoin de se réchauffer, on aurait pu s'attendre à ce que ce tas de bois s'épuise. Mais, à côté du tas de bûches, il y avait un panneau qui nous rappelait la réciprocité : « Coupez-en trois, prenez-en deux. » Et cette façon de faire a permis qu'il y ait toujours suffisamment de bois pour tous ceux qui en avaient besoin. Il y avait, à Standing Rock, des gens du monde entier ; et un simple écriteau a permis de faire les choses d'une manière où chacun a pu satisfaire ses besoins et où il y en a toujours eu suffisamment pour tous ; cela s'est répercuté dans tous les camps, sous diverses formes.

LES TROIS SŒURS

L'une des plus anciennes histoires de l'île de la Tortue est celle des trois sœurs : Maïs, Haricot et Courge. La sœur aînée est grande et forte, avec de gracieuses feuilles vertes et des mèches dorées et soyeuses qui s'échappent de l'enveloppe de son épi. Son nom est « Maïs ». La deuxième sœur est sauvage et vive, ses lianes bouclées grimpent sur sa sœur Maïs, en s'enroulant autour d'elle, ce qui permet à cette dernière de résister au vent et d'être protégée des éléments. Son nom est « Haricot ». La petite sœur est curieuse et joueuse, elle rampe rapidement en explorant le sol. Elle a de larges feuilles et aime faire sourire les gens en leur montrant ses fleurs jaunes et joyeuses. Son nom est « Courge ».

Les trois sœurs s'aiment d'un amour magique que seules des sœurs peuvent comprendre. Lorsqu'elles sont plantées ensemble, elles s'entrelacent d'une manière qui reflète l'amour qu'elles partagent l'une pour l'autre ; et l'abondance qui naît de cette sororité profite au monde qui les entoure. Sœur Maïs ne produit pas seulement des fruits et des céréales, elle offre sa forme robuste à sa sœur Haricot pour qu'elle puisse grimper et bénéficier du soleil dont elle a besoin pour donner ses fruits en abondance et nourrir les gens du pays. Les racines de sœur Haricot fournissent de l'azote au sol, et ses vrilles stabilisent sa sœur Maïs au-dessus du sol. La petite sœur, Courge, pousse aux pieds de ses deux sœurs et couvre le sol de ses larges feuilles qui aident à retenir l'humidité dans la terre et les protègent des mauvaises herbes agressives. L'abondance de leur récolte fournit aux populations indigènes l'énergie, les protéines, les vitamines et les minéraux nécessaires.

Les trois sœurs nous enseignent le pouvoir de la réciprocité de l'amour, de la manière la plus naturelle et concrète qui soit.

ASPECT PERSONNEL : *WAKȞÁŊ* – LE SACRÉ

Comment savoir si quelque chose est *wakȟáŋ,* c'est-à-dire « sacré » ? Dans la spiritualité amérindienne, si tout est interconnecté, ne serait-il pas alors logique que tout ce qui se trouve sur notre Terre-Mère soit sacré ?

En effet. Nous, les humains, le peuple à deux jambes, nous devons comprendre notre lien intime entre notre environnement naturel et la spiritualité. Cette compréhension est au cœur des sociétés indigènes. Nous croyons en un univers où des êtres surnaturels existent dans le même espace-temps que les humains et notre monde naturel. Ils vivent dans des lieux sacrés qui se trouvent simultanément dans deux réalités, visible et invisible. C'est-à-dire que l'on sait qu'ils existent, mais ils ne sont visibles dans ces lieux que par les autochtones.

Pour le peuple lakota et de nombreuses nations indigènes, l'un de ces lieux est *Matȟó Pahá* – Bear Butte, dans le Dakota du Sud. Cette montagne est un site sacré.

Pour les Lakotas, Bear Butte a longtemps été un lieu sacré où se tenaient les réunions du Conseil et des cérémonies telles que les quêtes de vision et les danses du soleil. Au milieu des années 1800, le père de Crazy Horse, un grand sage, a gravi Bear Butte pour obtenir des conseils spirituels lors d'une quête de vision.

On raconte que *Wakȟáŋ Tȟáŋka* est apparu devant le sage homme sous la forme d'un ours qui lui a donné le pouvoir de surmonter les obstacles et de vaincre ses ennemis. Le père de Crazy Horse a demandé que le même cadeau soit également offert à son fils. Après cet octroi, la montagne fut connue sous le nom de « Bear Butte », ou « Mata Paha ».

L'histoire de Bear Butte est riche, à tous les niveaux ; des vestiges datant de dix mille ans ont été découverts à proximité du site, ainsi que des cercles de tipis et des pierres que les Lakotas avaient, autrefois, placés le long du sommet pour marquer les distances et pour offrir des prières. Nombreux sont ceux qui ressentent une profonde connexion spirituelle lorsqu'ils se rendent sur ce lieu.

Les peuples indigènes racontent que cette montagne est un espace liminal – un lieu entre deux mondes.

Nous nous rendons sur ce site sacré pour communier avec le divin. Nous croyons que modifier l'environnement de tels lieux sacrés perturbe Grand-mère Terre, et nous considérons cela comme une profanation.

Tout ce qui est naturel est sacré ; il nous faut simplement sortir du brouillard du système limité de nos croyances humaines pour le comprendre. Le concept de *wakȟáŋ* – ou « ce qui est sacré » – n'a, en aucun cas, une signification religieuse. Il transcende toute religion, car il incarne la vérité originelle et le dessein de tout ce qui est.

Honorez le sacré

Regardez autour de vous.
Elle est là,
la maladie de l'appropriation qui entraîne la destruction.
Arrêtons de faire semblant, nous devons nous réveiller.
L'exploitation n'est pas la réponse, c'est un véritable cancer.
Non, tout ne va pas bien, peu importe ce que certains racontent.
Les choses ne sont pas comme elles devraient être,
elles n'étaient pas ainsi autrefois,
et ne doivent pas l'être dans le futur.

Tout est connecté.
S'approprier quelque chose c'est piller la vie,
votre vie, ma vie, notre vie.
Prendre sans donner en retour est un crime,
la réciprocité honore toute la Création.
Une nation. Toutes les nations.
La réconciliation en action peut guérir toute dissension.
Respectons-nous,
rejoignons-nous,
honorons toute forme, jusqu'au plus petit insecte.
Toute vie est, tôt ou tard, confrontée à la mort,

chérissez chaque souffle.
Il y a encore de l'espoir,
l'amour arrive, la guérison arrive, les miracles arrivent,
de cela nous sommes sûrs.
Tel est notre voyage
où chacun de nous est le héros, le miracle, le centre du changement,
le centre du choix.
Mon choix, notre choix, est celui dont nos ancêtres nous ont parlé.
En ce moment même, je choisis, vous choisissez, toute chose.
Est-ce que je choisis, est-ce que nous choisissons,
d'entretenir le jardin de la VIE ?

Réunis dans la VIE
ou réunis dans la mort,
nous sommes toujours ensemble.
Rappelez-vous :
tout le reste n'est qu'illusion.
Nous venons de la Mère, nous retournons à la Mère,
il n'y a aucune peur à avoir.
Le Grand Esprit danse en traversant les cycles.
À chaque instant, la naissance et la mort se rencontrent,
à chaque instant, le cercle est complet.
L'équilibre sera rétabli.

— Unity Sferrazza

PRATIQUE SPIRITUELLE : *WAKȞÁŊ OKÓ* – ESPACES SACRÉS

Il existe deux espaces sacrés essentiels pour nous permettre de rester ancrés spirituellement : notre espace intérieur, et notre espace extérieur. Cela peut aussi faire référence à notre inconscient/subconscient et à notre conscient. S'il est facile d'apprécier la beauté extraordinaire des espaces naturels préservés de notre Terre-Mère, nous accordons souvent peu d'attention à nos espaces intérieurs où nous passons la majeure partie de notre vie, et qui ont souvent tendance à être assez malsains. Au cours des dernières décennies, un trop grand nombre d'architectes ont conçu nos espaces de vie sans aucune compréhension de la manière dont l'énergie se déplace – sans parler du fait que nos habitations devraient être des lieux sacrés. Il existe toutefois des exceptions, comme le chef-d'œuvre architectural « Fallingwater House » (« la maison de la cascade ») de Frank Lloyd Wright qui a su brillamment intégrer espace intérieur et environnement extérieur. Mais la plupart des architectes conçoivent nos espaces de vie de façon peu fonctionnelle. Même les maisons haut de gamme, qui disposent d'une plus grande superficie, de plafonds plus hauts et de meilleurs équipements, ne bénéficient pas, pour autant, de considérations au niveau énergétique/spirituel. Le fait de placer une grande statue de tête de bouddha dans le hall d'un manoir ne suffit pas à rendre ses habitants plus spirituels, ni à rendre l'endroit plus sacré.

Cependant, les peuples indigènes ont compris, depuis des milliers d'années, comment fonctionne l'énergie spirituelle de nos espaces intérieurs et extérieurs. L'étude, et l'application, d'une relation harmonieuse entre les humains et leurs environnements intérieurs et extérieurs est une ancienne pratique enseignée par Grand-mère Terre par le biais de la géométrie sacrée. Des cultures autochtones du monde entier ont écouté la Terre pour savoir comment construire leurs maisons et se vêtir.

Les Lakotas des plaines construisent des tipis, faciles à monter et à démonter, pour s'adapter à la chasse nomade. Les Alaskiens construisent des igloos avec de la glace et de la neige, leur permettant de résister aux longs hivers froids. Toutes ces habitations sont rondes, pour permettre à l'énergie de circuler librement ; et, comme elles n'ont pas de coins, il n'y a nulle part où se cacher.

Il serait difficile de présenter en détail l'étendue des connaissances concernant les constructions indigènes dans cette courte section consacrée aux espaces sacrés ; cependant, les similitudes entre l'architecture indigène que l'on retrouve chez tous les peuples autochtones et celle des peuples amérindiens sont frappantes. Toutes les constructions indigènes reposent sur quatre principes : le flux d'énergie, les matériaux naturels, les principes d'ancrage, et ceux de la guérison.

Le flux d'énergie représente l'énergie universelle qui anime toutes choses visibles et invisibles, que les indigènes appellent « *takú wakȟáŋ škaŋškáŋyaŋ* », « l'Esprit, ou Mouvement, sacré ». Il existe une similitude intéressante entre la roue de médecine amérindienne et le *bagua* : ce dernier est une figure géométrique octogonale qui représente la carte énergétique des principes élémentaires du feng shui, et la roue de médecine est une carte énergétique circulaire représentant les principes élémentaires de la spiritualité amérindienne, notamment le cercle sacré de la vie. Citons également le *vastu shastra*, une pratique originaire de l'Inde qui serait antérieure d'au moins mille ans au feng shui. En réalité, de nombreuses cultures indigènes à travers le monde connaissent, depuis longtemps, l'énergie spirituelle qui circule entre nous, les humains, et nos espaces sacrés.

L'idée de cette pratique, qui consiste à se reconnecter spirituellement avec nos espaces personnels, est simple. Il suffit de trouver des façons de faire entrer la nature dans nos espaces intérieurs, afin de nous reconnecter avec elle. La force de notre sanctuaire privé – notre habitation – est de pouvoir nous aider à nous libérer des pressions du monde extérieur et de nous permettre de nous ancrer et de guérir nos blessures invisibles.

Pour commencer, soyons créatifs, et imaginons plusieurs façons de ramener la nature dans nos espaces sacrés en nous servant de nos cinq sens – la vue, l'odorat, l'ouïe, le goût et le toucher –, mais aussi de nos sens psychiques. Gardez à l'esprit que nous avons tous un chemin spirituel unique, et que notre espace sacré sera donc différent.

Waŋyáŋka – la vue

Lorsque vous sentirez que le moment est venu de renouveler certains objets d'art dans votre espace intérieur – et, soyons honnêtes, il est probablement temps –, choisissez des œuvres inspirées de la nature et réalisées avec des matériaux naturels, qui vous procureront un sentiment de détente, de calme et de bonheur. Il en va de même pour tous les objets de votre maison, par exemple vos meubles ; et également pour tout ce qui concerne la décoration intérieure et extérieure, notamment vos choix de peinture, de papier peint, de carrelage et d'aménagement paysager. Prêtez attention à l'éclairage de votre maison. Il peut contribuer à améliorer votre humeur et l'atmosphère, et peut également réduire la fatigue oculaire et les maux de tête. Ouvrez les rideaux et laissez entrer le soleil ! Faites en sorte que votre regard puisse se poser sur des belles choses qui vous inspirent.

Mná – l'odorat

Des odeurs comme celle des pins après une pluie d'été, d'un chien mouillé qui se secoue après avoir sauté dans le lac, ou encore d'un feu de camp, sont souvent assez puissantes pour évoquer des souvenirs, même les plus lointains. Les odeurs peuvent éveiller nos sens, nous stimuler et nous rendre plus présents à notre environnement. Nous pouvons agrémenter nos maisons de belles senteurs pour créer certaines atmosphères, par exemple en écrasant de la lavande ou en brûlant du foin d'odeur ; purifier notre habitation en brûlant de la sauge ; ou brûler du cèdre lorsque nous prions. Nous pouvons utiliser notre odorat pour accéder à un état d'esprit plus élevé, empreint de tranquillité et d'énergie positive.

Nах̌'úŋ – l'ouïe

Est-ce que le vent souffle ? Est-ce que les oiseaux chantent ? Est-ce que le tonnerre gronde au loin ? Ouvrez vos fenêtres ! Écouter de la musique ou des sons agréables pour améliorer l'atmosphère de notre espace personnel ou notre humeur est, pour nous, quelque chose de tellement normal que nous avons tendance à considérer notre ouïe comme quelque chose d'acquis. Nous oublions de fermer les yeux et d'*écouter* ce qui se passe autour de nous. L'inverse est également vrai: lorsque nous subissons les bruits de la circulation, de travaux ou autres nuisances sonores d'origine humaine, nous devons essayer d'en faire abstraction et rechercher le silence. La clé est d'associer l'ouïe à d'autres sens. Écouter de la bonne musique dans une pièce parfaitement éclairée, avec une bougie parfumée, ou ouvrir les fenêtres pendant que l'on travaille sur un projet qui nous passionne, peut être un moyen merveilleux de prendre soin de soi.

Yul-íyutȟa – le goût

Le sens du goût est important, car il est directement lié à nos émotions et à notre système nerveux. Les saveurs sucrées, acides, salées, amères et umami peuvent modifier instantanément notre humeur et notre état d'esprit. Nous pouvons, par exemple, préparer notre plat préféré et aller le manger à l'extérieur; de même avec nos boissons. L'important est de prendre conscience que la nourriture est une médecine. Lors de nos rassemblements, nous servons des boissons rafraîchissantes pour offrir à nos invités une énergie revigorante. Au lieu de manger de manière automatique devant la télévision ou en faisant défiler les pages sur notre téléphone portable, manger dehors en savourant chaque bouchée d'une nourriture vivifiante nous permet de ressourcer notre corps et notre esprit.

Épatȟaŋ – le toucher

Le sens du toucher est gouverné par la douleur ou le plaisir; et pratiquement toutes les parties de notre corps sont sensibles au toucher. Utilisez ce sens pour apprécier les objets ordinaires avec lesquels vous êtes en contact physique dans votre vie quotidienne, comme la tasse que vous utilisez pour boire votre café ou votre thé, les poignées de portes ou les boutons de tiroirs, ou votre rasoir quand vous êtes dans la salle de bains. En revalorisant ainsi les objets que vous utilisez tous les jours, vous contribuerez à embellir le monde ! Utilisez des brosses à vaisselle et des ustensiles de cuisine en bambou ou en bois, plutôt qu'en plastique. Investissez dans un rasoir de sécurité et arrêtez de jeter des rasoirs et des recharges en plastique qui polluent l'environnement. Commencez à faire davantage de choses manuellement, plutôt que d'utiliser les commodités du monde moderne. Touchez vos aliments pour les préparer, au lieu de verser le contenu d'une boîte de conserve dans un bol et de le passer au four à micro-ondes. Préparez votre nourriture à partir d'ingrédients frais ; touchez-la, bénissez-la et insufflez-lui votre amour. Cuisiner et faire le ménage peuvent être des activités thérapeutiques, méditatives, épanouissantes et même ludiques, lorsqu'elles sont faites avec une intention sincère.

Nağíksab'ič'ila abléza – les sens psychiques

Nous ne devrions jamais sous-estimer l'influence qu'exercent sur nous les énergies invisibles. Lorsque nous partageons notre espace avec des êtres sensibles, nous recevons leur énergie naturelle ; et celle-ci, aussi invisible soit-elle, joue un rôle dans notre guérison et notre épanouissement personnel d'une manière dont nous n'avons pas toujours conscience. Nos espaces sacrés sont des réceptacles pour l'amour. Il nous faut nourrir et entretenir cet amour, par exemple en prenant le temps de promener notre chien ou de nous reposer avec notre chat. Nous pouvons mettre de vraies plantes dans notre maison plutôt que des plantes en plastique, et faire pousser nos propres herbes aromatiques et médicinales.

Non seulement notre habitation peut devenir un incubateur naturel pour développer nos sens psychiques, mais le fait d'accueillir et partager notre vie avec des êtres sensibles que nous nourrissons et aimons suffit à dissiper les énergies négatives. Toutes les petites choses que nous accomplissons avec une profonde intention, et en faisant appel à toute la palette de nos sens, renforcent et amplifient l'énergie, et harmonisent considérablement nos espaces sacrés.

Háu, mitákuye oyás'iŋ

CHAPITRE VIII

HOCHOKA – LE CENTRE

LE CENTRE DE LA VIE

Je salue la lumière dans tes yeux, où réside l'univers tout entier. Car, quand tu es au centre de toi-même et que je suis également en cet endroit en moi, alors nous sommes Un.

– Tȟašúŋke Witkó (Crazy Horse)

Lorsque Crazy Horse a dit : « Je salue la lumière dans tes yeux, où réside l'univers tout entier », il décrivait le moment où deux êtres spirituellement connectés se reconnaissent, comme s'ils se connaissaient depuis mille ans, même s'ils viennent juste de se rencontrer.

Chacun de nous est un canal par lequel le Créateur s'exprime sous notre forme physique particulière, et à ce moment précis de la dynamique cosmique du Grand Mystère. Lorsque nous nous rencontrons pour la première fois, nous sommes soit sur le point de répéter un schéma ou un thème récurrent dans notre vie, soit sur le point de vivre une sorte de nouveau départ. C'est la lumière dans nos yeux – lorsque nous savons la reconnaître – qui nous permet de faire la différence.

En apprenant à nous connecter à la roue de médecine et à notre spiritualité innée, nous prenons conscience que nous ne sommes pas séparés de la nature – nous *sommes* la nature. Nous sommes des êtres sensibles naturellement synchronisés avec les cycles du Soleil, de la Lune, des étoiles et des saisons de la Terre sur laquelle nous vivons. Méditez sur le pouvoir de la nature. Prenons l'exemple de la Lune, son influence est si forte qu'elle peut déplacer les puissants courants et marées des mers et des océans du monde entier. Réfléchissons un instant : comment pouvons-nous croire que la Lune n'a aucun effet sur nous, les humains, alors que nous avons été créés à partir de l'eau, et que nous sommes principalement composés d'eau ? La réalité est que la Lune nous influence profondément, mais beaucoup de gens sont devenus trop désensibilisés pour ressentir ses effets. Se reconnecter à ces types d'énergies naturelles demande de la pratique.

Nous ne sommes pas séparés du cercle, et nous ne sommes pas non plus au sommet de la chaîne alimentaire, comme les humains se plaisent à le penser ; nous faisons partie intégrante du tout. Lorsque nous disons : *« Mitákuye oyás'iŋ »* (« nous sommes tous reliés »), cela ne signifie pas que seuls les humains sont reliés, mais que nous sommes *tous* reliés – tous les êtres sensibles qui vivent dans la matrice de Grand-mère Terre. Lorsque nous effleurons un seul fil d'une toile d'araignée, cela émet une vibration qui est transmise aux autres fils et à travers les rayons du reste de la toile. Les tribus indigènes d'Amazonie ont une fable populaire sur la toile de la vie, elle parle d'un papillon dans la jungle dont le battement d'ailes a généré une brise qui, à son tour, a engendré de nombreux petits courants d'air qui se sont divisés et multipliés, pour finalement se transformer en ouragan à l'autre bout du monde quelques jours plus tard. L'enseignement de cette fable est que *tout* est connecté, et que toutes nos actions quotidiennes sont inextricablement liées *à tout le reste*, d'une manière que nous ne pouvons jamais pleinement comprendre sur le moment.

La société moderne, avec ses structures de pouvoir, nous a fait perdre de vue notre appartenance à ce *tout*. Aux quatre coins de la planète, nous pouvons clairement observer la dévastation et l'horreur que les humains infligent aux autres êtres sensibles, et la destruction que nous infligeons à Grand-mère Terre. Ce n'est pas seulement une mauvaise médecine que les humains apportent au monde, c'est aussi le manque de respect et les abus que nous nous infligeons à nous-mêmes – mentalement, physiquement et spirituellement – avec les résidus toxiques que nous laissons entrer dans nos cœurs, nos esprits et nos corps. Pour ceux d'entre nous qui marchent sur la voie rouge, le démantèlement de ces structures de pouvoir néfastes fait partie de notre mission, et ce, par tous les moyens dont nous disposons.

Il arrivera un moment, dans notre vie, où nous devrons être honnêtes avec nous-mêmes et décider si nous allons vivre en accord avec Grand-mère Terre ou au service d'un système corporatif. Il s'agit peut-être de la décision la plus importante que nous ayons à prendre au cours de notre vie, car l'enjeu est de trouver notre centre et de vivre une vie empreinte de sens et de beauté.

ÉNERGIE ÉLÉMENTAIRE : *WIČHÓNI* – LA VIE

Les quatre éléments sacrés, les sept directions sacrées et les sept vertus indigènes sont autant de concepts pour nous aider à suivre la voie indigène et comprendre l'ordre naturel de la Terre et les fondements de la spiritualité autochtone. C'est dans le centre de notre être que nous nous approprions ces concepts, pour ensuite les appliquer dans notre vie quotidienne.

Cependant, nous sommes trop souvent absorbés par les souvenirs de notre passé, et les scénarios hypothétiques que nous fabriquons pour l'avenir nous font tellement peur que nous passons à côté de l'expérience du moment présent. Lorsque nous apprenons à lâcher prise et à vivre pleinement l'instant présent, nous devenons attentifs et ouverts aux pouvoirs et aux enseignements des directions sacrées qui nous traversent.

Lorsque nous parlons du centre, nous nous référons à notre vie. Notre vie est l'espace à travers lequel les six autres directions sacrées nous traversent à tout moment. Le point le plus profond du centre est l'endroit où nous expérimentons le moment présent – et c'est dans le moment présent que nous cocréons consciemment notre vie en tant que partie intégrante du divin. C'est également dans cet espace que nous sortons du cycle « métro-boulot-dodo » pour approfondir notre compréhension de la vie et mieux appréhender notre rôle en tant qu'êtres humains sur cette Terre.

VERTUS INDIGÈNES : *WÓWIYUŠKIŊ, THEȞÍLA, HAHÁYELA NA WÓKSAPE* – JOIE, AMOUR, HARMONIE ET SAGESSE

Les quatre expressions fondamentales de notre esprit sont **la joie, l'amour, l'harmonie et la sagesse**. C'est à travers elles que nous découvrons qui nous sommes vraiment et que nous apprenons comment participer à la vie. Les quatre directions sacrées – l'est, le sud, l'ouest et le nord – sont, chacune, associées à l'une de ces quatre expressions lorsqu'elles traversent notre centre.

Wiyóhiŋyaŋpata – est : *haháyela* – l'harmonie

Nous abordons les enseignements des quatre expressions avec l'harmonie, car, lorsque les autres expressions – la joie, l'amour et la sagesse – sont en équilibre dans notre vie, leur harmonie devient le fondement de notre intelligence spirituelle.

L'harmonie est un état de tranquillité, d'unité et d'équilibre entre nos différents aspects : mental, émotionnel, spirituel et physique. L'harmonie ne consiste pas à rechercher la perfection dans ces aspects, mais à prendre conscience et à développer une juste interaction intérieure entre eux, et à diffuser cette énergie harmonieuse dans le monde extérieur. Rappelez-vous que nous sommes humains et que nous ne sommes pas parfaits. L'harmonie n'est pas un état de perfection, mais un état de conscience et d'équilibre.

Nous sommes souvent, nous-mêmes, le plus grand obstacle à la véritable harmonie dans notre vie. En tant qu'humains parfaitement imparfaits, nos pensées s'arrêtent facilement aux personnes ou aux choses que nous voulons contrôler ou exploiter pour notre profit personnel, ou à la façon dont nous voudrions être perçus par les autres. Le secret, pour pouvoir se débarrasser de ces désirs inutiles et vains, est l'observation. Le cercle sacré de la vie possède ses propres cycles naturels, que nous pouvons observer en nous connectant simplement à la nature ; et, ce faisant, nous fusionnons avec le rythme puissant de la vie, elle-même.

Il nous faut libérer la voie pour laisser libre cours au rythme de la vie, afin de pouvoir cocréer avec elle. Le Créateur est plus intelligent et créatif que nous ne pourrons jamais l'être. En le laissant pleinement agir, nous obtiendrons des résultats et vivrons des expériences que nous n'aurions jamais pu imaginer ou créer en les recherchant à partir de nos besoins de contrôler, de retirer un gain personnel ou de satisfaire notre ego.

Itókağata – sud : *wóksape* – la sagesse

Qu'est-ce que la sagesse, et d'où vient-elle ? Pour faire simple, la sagesse est la connaissance en action. Les anciens nous disent que les enseignements du monde spirituel voyagent avec le vent, et que le vent prend naissance au sud. C'est pourquoi cette direction sacrée est porteuse des messages de sagesse.

Écoute la terre. Elle parle.
Écoute le feu. Il parle.
Écoute le vent. Il parle.
Écoute l'eau. Elle parle.
Écoute ton cœur. Il sait.

– Les Ancêtres

Geronimo, chef des Apaches Chiricahua et homme-médecine, a déclaré que la sagesse et la paix commencent lorsque nous commençons, nous-mêmes, à vivre la vie que le Créateur a prévue pour nous. Cela ne signifie pas que nous devons nous retirer dans une grotte pendant trente ans en contemplant notre nombril pour atteindre une sagesse éclairée. Et ce n'est pas en effectuant une seule cérémonie dans une hutte de sudation que nous allons soudainement recevoir toutes les connaissances ésotériques de l'univers. La sagesse se développe à mesure que nous accumulons des expériences alignées avec les lois naturelles universelles, et que nous mettons en pratique les enseignements que nous recevons. Que nous en soyons conscients ou non, tout ce que nous expérimentons dans notre vie nous offre les enseignements que nous sommes venus recevoir dans cette vie (ce dont nous avons besoin), et nous prépare également pour ce que nous aspirons à réaliser dans notre vie (ce que nous voulons).

Souvenez-vous : la direction du sud est associée à l'air. L'air se manifeste sous la forme de la force invisible du vent. Le vent est associé à la sagesse, car sa nature est de transmettre des messages, d'enclencher des changements, de dynamiser la vie et d'apporter la clarté en supprimant les obstacles et en dégageant les obstructions. Une fois les obstacles et les obstructions éliminés de notre esprit, cette clarté nous permet de mieux appréhender les choses. C'est ce type de clarté qui permet de cultiver la sagesse.

Cheminer avec sagesse

La sagesse représente un aspect de l'intelligence spirituelle qui nous permet de voir les gens et les situations avec clarté, et d'avoir une compréhension spontanée des liens entre des choses qui paraissent n'avoir aucun rapport entre elles.

Être sage, c'est aussi savoir ce qu'il est mieux de faire, par exemple savoir faire une pause au lieu d'agir, faire des éloges au lieu de critiquer, ou savoir écouter au lieu de parler. Prenons un exemple : lorsque vous communiquez avec un aîné indigène, vous remarquerez qu'il parle de manière réfléchie et qu'il fait parfois de longues pauses avant de répondre à votre question. Il permet ainsi à son message d'être entendu et médité, et également à l'intention qui sous-tend ce message de s'épanouir dans son propre espace. Dans la société actuelle, lorsque nous conversons, la plupart d'entre nous ne savent pas vraiment écouter les autres et attendent la moindre pause dans la discussion pour intervenir et combler le vide.

Nous devons garder à l'esprit qu'une pause dans une conversation n'est pas une invitation à donner un avis ou à faire des commentaires si ceux-ci n'ont pas été demandés. Savoir faire une pause dans une discussion est la différence entre parler *à* quelqu'un et parler *avec* quelqu'un. Apprenez à faire une pause avant de parler. Lorsque vous prenez la parole, demandez-vous si ce que vous avez à dire est pertinent et bénéfique par rapport à ce qui a déjà été dit ou compris. Les anciens nous enseignent que notre langue est reliée à notre cœur – la leçon étant que nous devons apprendre à parler avec notre cœur plutôt que de laisser tout ce qui entre dans notre cerveau ressortir directement par notre bouche. Notre souffle a du pouvoir : nos mots peuvent apporter de la clarté et guérir, mais ils peuvent également détruire. Aussi, ne soyons pas irréfléchis et ne dilapidons pas la force et la sagesse de nos paroles.

Être sage signifie savoir communiquer. Lorsque le moment est venu de prodiguer des conseils, ne le faites pas de façon directe, mais présentez les choses d'une manière qui permet à ceux qui vous écoutent d'arriver à leurs propres conclusions. Le plus souvent, la personne que vous conseillez sait déjà ce qu'elle doit faire, elle recherche simplement une validation pour le faire. Cependant, ce n'est pas à nous de donner cette approbation, elle doit venir de la personne elle-même et de son libre arbitre. Être sage, c'est guider les gens vers leur propre conclusion, et non pas les orienter vers la vôtre.

Pour rester fidèle à la vérité, regardez toujours dans votre cœur.

– Doug Good Feather

Wiyóȟpeyata – ouest : *wówiyuškiŋ* – la joie

La joie est ce qui nous élève vers le meilleur de ce que la vie a à offrir. La vie n'est pas facile – en réalité, elle est même parfois éprouvante. Le fait même de vivre s'accompagne d'épreuves et de tribulations qui peuvent nous entraîner dans des courants profonds. C'est la joie qui nous tire d'un état dépressif ou de notre souffrance, et nous permet de ne pas être emportés au large.

Nous retrouvons un sentiment de joyeuse légèreté, comme si nous flottions telle une bouée. Peu importe que la mer soit calme ou déchaînée, une bouée est insubmersible. Lorsque nous cessons de lutter, notre état naturel est de flotter – que ce soit dans l'océan ou dans la vie. Un sentiment de joie et de légèreté peut même nous sauver la vie dans les moments où tout semble impossible.

Vivre une vie joyeuse

Trouver ce qui nous apporte de la joie peut être aussi simple que dresser une liste des choses qui nous rendent heureux, et une autre de ce que nous faisons le plus souvent chaque jour, puis de comparer les deux et de les ajuster en conséquence afin d'intégrer dans notre vie ce qui nous procure de la joie et d'éliminer ce qui ne nous en procure pas. Nous pouvons aussi intégrer la joie dans nos activités quotidiennes, même les plus banales. Trouver la joie est simple et devient plus facile avec la pratique.

Les raisons sous-jacentes de la perte de joie – qu'elle soit temporaire ou durable – sont souvent nos jugements et nos attentes vis-à-vis des autres ou de certaines situations. Un jugement correspond à ce que nous percevons comme étant la vérité, tandis qu'une attente correspond à nos suppositions quant aux futurs résultats. Lorsque nous préjugeons de quelque chose, nous excluons toute autre possibilité, et nous nous privons de tout moyen de reconnaître les signes et les heureux hasards que l'univers nous envoie. Le mystère de l'inconnu est source de joie ; cependant, lorsque nous avons des attentes sur la façon dont les choses devraient se passer, nous nous exposons le plus souvent à des déceptions. Comment pouvons-nous prédire ce qui va se passer dans le futur ? La déception nous prive de toute joie. En nous libérant de nos attentes par rapport à la façon dont les choses devraient être ou ce qui devrait se produire, nous pouvons pleinement apprécier ce que le Créateur nous offre – c'est-à-dire ce dont nous avons véritablement besoin, et pas nécessairement ce que nous désirons.

Dans la plupart des situations, notre joie de vivre ne sera pas menacée, si nous faisons les choses sans rien attendre en retour. Dans notre monde actuel, le plus grand voleur de joie est la tendance généralisée à se comparer aux autres – non seulement parce que cela nous prive de notre joie, mais aussi parce que nous ignorons totalement quel est le parcours personnel de chacun. Lorsque nous envions la vie des autres, nous risquons de transposer dans la nôtre, sur le plan énergétique, toutes *leurs* leçons durement apprises, sans obtenir aucun des avantages que nous pensons être les leurs. Comme le dit le proverbe : « Attention à ce que tu souhaites, tu pourrais l'obtenir. »

En réalité, il est fort probable que la joie soit bien plus présente dans votre vie que vous ne le pensez, mais que vous ne puissiez pas y accéder, car elle est occultée par les traumatismes que vous avez vécus. En guérissant ces traumatismes énergétiques, la joie qui était en vous depuis le début pourra à nouveau se manifester. Il est important de se rappeler que toute véritable guérison ne peut être complète que lorsqu'elle est accomplie grâce à une connexion spirituelle. Le traumatisme continuera, sinon, à ressurgir encore et encore, et pourra même se manifester sur le plan physique sous la forme d'une maladie ou sur le plan mental par un trouble psychiatrique. La guérison vient de l'intérieur de nous. Les guérisseurs, médecins et praticiens traditionnels ne peuvent que nous aider à rediriger et concentrer notre énergie pour favoriser notre guérison et nous permettre de retrouver la santé. Le sentiment de joie est le pivot pour une guérison spirituelle profonde.

Wazíyata – nord : *leȟíla* – l'amour

Qu'est-ce que l'amour, sinon la force vitale de la vie ? Considérons comment l'amour transparaît à travers nous dans notre vie personnelle. Qu'est-ce que « rayonner l'amour » signifie ? Cela signifie que l'amour est l'une des quatre expressions primordiales de notre esprit ; il représente à la fois la façon dont nous rayonnons la joie, dont nous incarnons la sagesse et dont nous favorisons l'harmonie, par la façon dont nous nous comportons dans la vie. L'amour s'exprime dans la manière dont nous manifestons notre amour aux autres, et dont nous accueillons l'amour des autres ; mais aussi dans la manière dont nous le développons à mesure que nous le comprenons, et œuvrons avec lui sur le plan spirituel, tandis qu'il mûrit et se transforme.

La personne avec laquelle vous passerez le plus de temps dans votre vie, c'est *vous*. C'est pourquoi il est essentiel que vous appreniez à prendre soin de vous, à vous accepter et à vous aimer d'abord et avant tout. C'est beaucoup plus difficile qu'il n'y paraît, car nous sommes souvent notre pire critique, notre pire tyran et notre pire ennemi. Si nous voulons nous aimer et être aimés des autres, nous devons être aimables. Et nous devenons aimables lorsque nous guérissons les aspects de nous-mêmes dont nous avons honte ou que nous pensons être rebutants et non dignes d'amour.

Nous devons apprendre à aimer toutes ces choses en nous que nous considérons impossibles à aimer : nos faiblesses émotionnelles, nos imperfections physiques, notre passé tumultueux ou honteux, et notre manque de confiance en soi et d'estime de soi. Tant que nous ne sommes pas guéris et que nous ne nous aimons pas nous-mêmes avant tout, nous maltraitons ceux que nous sommes censés protéger ; nous trahissons ceux que nous sommes censés défendre ; nous blessons ceux que nous sommes censés aimer, et nous causons du tort à ceux que nous sommes censés guérir. Les personnes blessées blessent les autres à leur insu. En suivant la pensée et les pratiques spirituelles autochtones et la voie rouge, nous guérirons nos blessures psychologiques et nos traumatismes invisibles, et nous retrouverons le chemin de l'amour.

PRATIQUE SPIRITUELLE : EXERCICE DU MIROIR

Cette pratique vous demande d'être ouvert et réceptif. Elle vous incite à vous offrir à vous-même tout l'amour dont vous êtes capable.

Placez-vous, nu, devant un miroir et regardez-vous. Regardez-vous vraiment. Observez vos pensées : vous allez probablement remarquer tout ce que vous n'aimez pas chez vous. C'est ainsi que le monde moderne nous a conditionnés à nous considérer – nous sommes formatés à ne voir que le pire, à juger et à rivaliser.

Que voyez-vous dans le miroir ? Vous jugez-vous pour votre poids, vos rides, votre peau imparfaite ou vos cicatrices ? Autorisez-vous à voir ce que vous jugez négativement, et soyez aussi honnête que possible.

À présent, essayez de privilégier le positif. Au début, ce ne sera pas facile, car ce n'est pas ce que nous sommes habitués à faire. Encore une fois, nous avons été conditionnés à ne voir que le négatif en nous. Les aspects positifs sont très nombreux, et dépassent de loin les aspects négatifs, mais ils peuvent être difficiles à voir.

Observez, par exemple, vos mains, peut-être ressemblent-elles à celles de votre père – des mains habiles.

Ou observez vos rides, ces rides qui vous déplaisent tant ; peut-être vous rappelleront-elles votre grand-mère que vous aimiez tant, et dont les rides témoignaient de tout ce qu'elle avait traversé dans sa vie, et de la beauté de son grand âge. Essayez d'observer vos rides en les voyant comme des traces de votre propre sagesse et de votre vie pleinement vécue. Ne pensez-vous pas qu'un visage sans aucune ride serait, en réalité, pathétique ?

Regardez vos jambes et vos pieds, pensez à la distance qu'ils vous ont permis de parcourir jusqu'ici et à celle qu'ils vous permettront de parcourir encore. Pouvez-vous reconnaître combien ils ont été, jusqu'à ce jour, fiables et solides ?

L'exercice du miroir vous permettra de vous sentir moins vulnérable et plus fort. Vous vous verrez vraiment tel que vous êtes, avec le négatif et le positif. Vous vous aimerez entièrement.

Háu, mitákuye oyás'iŋ

CHAPITRE IX

LE TRIPLE SENTIER

Les sept directions sacrées nous ont appris à comprendre *la pensée* indigène. Mais comment vivre *en appliquant* cette pensée ? Nous avons trouvé trois voies reliées entre elles qui nous permettent de vivre dans le monde actuel tout en conservant notre spiritualité axée sur la nature :

- **La voie des sept générations** : *vivre en pleine conscience* est une expression utilisée de nos jours pour désigner un ancien mode de vie en harmonie avec les lois de la nature, et où nous prenons des décisions en considérant la façon dont nos choix affecteront la vie des sept générations futures. Ce mode de vie prend aussi en compte les nombreuses générations qui nous ont précédés, qui sont autant d'exemples de ce que nous devons faire et ne pas faire, afin de tirer les leçons des réussites et des erreurs du passé.
- **La voie du bison** : *la consommation responsable* est une formule utilisée de nos jours pour désigner une ancienne pratique qui consiste à respecter et à honorer tous les êtres qui vivent sur Terre-Mère. Cette pratique exige d'être attentifs et réfléchis dans notre gestion de la Terre et d'apprendre à vivre en considérant les choses de manière circulaire et consciente.
- **La voie de la communauté** : cette voie met en avant l'effet de *l'impact collectif* ; elle décrit le processus qui consiste à trouver notre communauté et à devenir une partie intégrante de celle-ci, afin de participer à élever la conscience planétaire en travaillant, en nous amusant et en priant tous ensemble.

LA VOIE DES SEPT GÉNÉRATIONS

Je vois un temps où sept générations de toutes les couleurs de l'humanité se rassembleront sous l'arbre sacré de la vie et où la Terre entière redeviendra un cercle.

– Tȟašúŋke Witkó (Crazy Horse)

Crazy Horse, un guerrier lakota vénéré, reçut, un jour, une puissante vision lui annonçant qu'il y aurait un temps où sept générations de toutes les couleurs de l'humanité se rassembleraient sous l'Arbre de vie, et où Grand-mère Terre accueillerait les cœurs et les esprits déconnectés de la spiritualité pour les ramener sur la voie de son mystérieux savoir. En ce temps-là, les gens viendraient écouter et recevoir les enseignements des gardiens de la sagesse indigène, porteurs du savoir et de la compréhension de l'unité de tous les êtres vivants. Les enseignements nous révèlent que l'humanité est arrivée à cette ère d'éveil et de reconnexion.

Les anciens disent que nous n'héritons pas de la terre de nos ancêtres, mais que nous l'empruntons à nos enfants. Suivre la voie des sept générations signifie penser et agir de telle sorte que toutes nos décisions soient prises, et nos actions réalisées, en prenant en considération notre passé ancestral, notre impact potentiel sur Terre-Mère et la vie des générations futures. Les sept générations comprennent à la fois les sept générations qui nous ont précédés et les sept générations à venir. En prenant le temps d'apprendre des générations de nos ancêtres, nous pouvons éviter les erreurs courantes et connaître le succès et le bonheur plus rapidement et plus souvent. Un ancien proverbe dit : « Toutes les fleurs de l'avenir sont dans les semences d'aujourd'hui. » Ce qui est une autre façon d'expliquer que les cultures indigènes du monde entier – pas uniquement celle des Amérindiens – connaissaient la voie des sept générations depuis des milliers d'années. Et – comme les ancêtres le savaient – que l'on remonte dans l'Histoire ou que l'on se projette dans l'avenir, des milliers d'années ne représentent pas une période très longue.

MITÁKUYE OYÁS'IŊ – NOUS SOMMES TOUS RELIÉS

Un grand-père emmène son petit-fils à la pêche pour la première fois, ou une grand-mère emmène sa petite-fille cueillir des baies et autres fruits et plantes sauvages comestibles. C'est ainsi que nous enseignons à nos enfants la valeur de l'entraide, de la compassion et du mode de vie indigène. La première fois qu'un enfant apprend à pêcher ou à cueillir des baies, des noix ou des racines, cette nourriture est toujours offerte aux autres membres de la famille lors d'un repas cérémoniel spécial. Tout le monde participe au repas et partage ce que l'enfant a récolté, sauf l'invité d'honneur, l'enfant lui-même. L'enfant est heureux d'offrir le fruit de son labeur à tous ses êtres chers, et de pouvoir ainsi montrer qu'il peut subvenir aux besoins de sa famille. Ainsi, lors de cette fête cérémoniale, l'enfant ne mangera rien de sa première cueillette, de sa première pêche ou de sa première chasse, mais, par ce premier repas offert à sa communauté, il honore celle-ci et est honoré lui-même. Le partage fait partie intégrante du mode de vie des populations autochtones. Personne ne peut survivre seul ; nous sommes tous reliés et, de ce fait, nous sommes tous responsables les uns des autres. C'est ce sens de la responsabilité qui nous permet de faire les choses en pleine conscience.

HÁU, MITÁKUYE OYÁS'IŊ

Vivre en pleine conscience

Vivre en pleine conscience est une expression utilisée de nos jours pour évoquer la façon dont les décisions que nous prenons aujourd'hui auront un impact sur les sept prochaines générations. Pour que la vie continue à aller de l'avant, nous devons enseigner à nos enfants, dès leur plus jeune âge, ce que nous, adultes, avons appris à travers la vie collective. C'est ainsi que le système de croyances d'une conscience collective évolue de manière bénéfique.

Cela ne signifie pas que c'est facile. Dans notre monde moderne, il peut être difficile de vivre en accord avec ses croyances.

Nous devons tous acheter de la nourriture, nous déplacer, payer les factures ; et ces besoins et responsabilités nous obligent parfois à faire des compromis vis-à-vis de nos convictions. Manger des aliments toxiques, conduire des véhicules qui fonctionnent grâce aux carburants fossiles, occuper un emploi sans intérêt – ou, pire encore, néfaste ou destructeur pour d'autres êtres humains et l'environnement – sont autant de choses que nous sommes susceptibles de faire qui ne vont pas dans le sens de nos convictions et croyances. Cela peut être difficile à accepter, mais nous ne sommes pas ici, à cette époque, pour perdre espoir. La peur et le désespoir peuvent être contagieux, mais l'espoir et le courage également. Nous ne devrions pas devoir vivre dans un monde où il nous incombe de protéger notre santé et l'environnement contre des politiciens et des entreprises, mais tel est le monde dans lequel nous vivons. *Nous* sommes ceux que nous avons attendus, et nous devons être conscients que *nous* sommes les gardiens de la Terre. Nous devons intégrer cette prise de conscience dans notre vie du mieux que nous le pouvons, et le plus tôt possible. Quel que soit notre degré d'éveil spirituel, il ne sera d'aucune aide pour la Terre ou l'humanité, si nous n'appliquons pas dans notre vie ce que nous avons appris.

Vivre en harmonie avec Terre-Mère

La pollution de Terre-Mère est simplement le reflet extérieur de notre relation spirituelle intérieure avec le Créateur ou, en d'autres termes, avec notre Soi supérieur. Lorsque des millions et des millions de personnes sont spirituellement déconnectées d'elles-mêmes – et ne vivent pas en accord avec les principes de Terre-Mère ou les lois naturelles de l'univers –, il est facile de comprendre pourquoi, en tant que société, nous souillons cette Terre : c'est parce que nous ne prenons pas en considération les conséquences de nos actions et de nos décisions.

Je pensais que les principaux problèmes environnementaux étaient la perte de la biodiversité, l'effondrement des écosystèmes et le changement climatique. Je pensais que trente ans de « bonne science » nous permettraient de les résoudre. J'avais tort. Les principaux problèmes environnementaux sont l'égoïsme, la cupidité et l'apathie, et, pour les résoudre, une transformation culturelle et spirituelle est nécessaire. Et nous, les scientifiques, nous ne savons pas faire cela.

– Gus Speth, cofondateur du Natural Resources Defense Council et ancien doyen de la Yale School of the Environnement

Pour vivre en harmonie avec Grand-mère Terre, il faut commencer par apprendre à prendre soin de soi et à s'épanouir. Nous ne pouvons espérer vivre en harmonie avec Grand-mère Terre si nous ne sommes pas en accord avec nous-mêmes – de la même façon que nous ne pouvons pas nous attendre à voir des changements dans ce monde, si nous ne réalisons pas des changements en nous-mêmes. Tout changement commence en soi. L'harmonie avec quelqu'un ou quelque chose ne se produit pas parce que nous décidons soudainement qu'il en sera ainsi ; elle se manifeste lorsque nous commençons à *œuvrer* en ce sens.

Pour guérir la Terre, nous devons nous guérir les uns les autres.
Mais, pour nous guérir les uns les autres,
nous devons d'abord nous guérir nous-mêmes.

– Doug Good Feather

Voulez-vous changer le monde ? Alors la meilleure chose à faire pour y contribuer est de vous aimer vous-même. Imaginez le nombre de personnes corrompues qui perdraient leur pouvoir, et le nombre d'entreprises cupides qui feraient faillite, si nous décidions simplement de nous aimer. Si nous aimions notre corps, nous ne l'empoisonnerions pas avec des aliments toxiques. Nous ne boirions pas d'eau dans des bouteilles en plastique – une eau que des sociétés malveillantes se sont appropriée. Si nous nous aimions, nous ne laisserions pas le complexe militaro-industriel mener des guerres pour son profit, et nous ne laisserions pas l'industrie pétrolière continuer à détruire l'environnement.

Lorsque nous nous rendons dans un hypermarché, nous pouvons facilement nous sentir démoralisés. Tout ce qui nous entoure a soit été fabriqué pour être à usage unique ou jetable, soit conçu délibérément pour se casser afin de nous pousser à racheter – une stratégie appelée « obsolescence programmée ». C'est une pure folie ! Rien de ce que les entreprises géantes essaient de nous vendre n'a été fabriqué dans le but que nous puissions vivre en plus grande harmonie avec notre Terre-Mère.

Il est presque impossible de vivre sans faire partie de ces systèmes malveillants. C'est une simple vérité concernant le monde tel qu'il est aujourd'hui. Ces maux ont mis des centaines d'années à se propager, et il faudra du temps pour tous les éradiquer. Aussi, si un peu d'hypocrisie est le prix à payer pour mettre fin à la tyrannie des combustibles fossiles polluants, aux pratiques alimentaires et agricoles immorales, aux conflits incessants et aux industries destructrices et nuisibles ; alors qu'il en soit ainsi. Ce n'est pas faire preuve de manque d'authenticité que de faire tout ce que l'on peut tout en vivant dans le monde qui est le nôtre. N'oubliez jamais que nos petites décisions quotidiennes peuvent contribuer à changer le monde.

Cette vie est un cadeau, et il est de notre responsabilité de respecter et protéger ce qui nous l'a donné… Chaque génération laisse une trace sur cette planète. Nous laissons quelque chose derrière nous dont on se souviendra, et nous sommes actuellement à un point de basculement où l'on se souviendra de nous soit comme d'une génération qui a détruit la planète et qui a fait passer les profits avant l'avenir, soit comme d'une génération qui s'est rassemblée pour s'attaquer au plus grand problème de notre époque en transformant notre relation avec la Terre. Nous devons faire appel à notre courage, à notre sens de l'innovation, à notre créativité et à notre ardeur pour faire naître un monde nouveau. À la lumière de ce monde qui s'effondre, quel meilleur moment pour naître que celui-ci ? Quel meilleur moment pour être en vie que maintenant ? Nous sommes la génération… qui peut changer le cours de l'Histoire. Les humains ont créé la plus grande crise que nous ayons connue sur la planète, mais, quelle que soit la grandeur du défi, nous nous élèverons encore plus haut, pour le surmonter.

– Xiuhtezcatl Martinez, militant autochtone pour le climat, discours à l'Assemblée générale des Nations Unies sur le changement climatique, juin 2015

La voie des sept générations consiste à vivre en accord avec les principes de Grand-mère Terre, et cela passe par l'action, quelles que soient nos convictions politiques. Faire ce que l'on peut, quand on le peut, avec ce que l'on a, est un bon début. Prendre ses responsabilités peut être aussi simple que de demander : « Comment puis-je être utile à Grand-mère Terre aujourd'hui ? » Nous pouvons agir concrètement de multiples manières : cultiver un jardin ; nous libérer de nos dettes ; révoquer les politiciens peu fiables et corrompus ; encourager un ami qui traverse une période difficile ; discuter avec le gérant d'un restaurant pour qu'il abandonne les barquettes de plats à emporter en plastique ou en mousse de polystyrène à usage unique ; ou encore refuser de prendre part à des spectacles cruels envers les animaux. En réalité, le simple fait d'être heureux est l'une des actions concrètes les plus puissantes que vous puissiez accomplir ! Lorsque plusieurs personnes modifient leur comportement et agissent de manière cohérente au quotidien, cela peut contribuer à changer le monde..., et c'est le seul moyen de le faire.

ACTIVATION SPIRITUELLE : *AKÍČHITA* – GUERRIER DE LA TERRE

Lorsque vous commencerez à vous positionner et à vous faire entendre, ce sera inconfortable pour tout le monde, y compris pour vous-même. Toutefois, dans la lutte non violente, l'arme la plus puissante est une armée de personnes qui partagent les mêmes idées et qui ont, dans leur cœur, une flamme qui provient du même feu sacré. Nos ennemis sont puissants, ils peuvent peut-être éteindre une flamme, mais ils ne peuvent pas éteindre un feu de forêt. Lorsque nous nous levons et menons des actions directes et de sensibilisation face à une injustice, nous ne tenons pas des propos controversés et nous n'agissons pas pour rendre nos ennemis malheureux ou en colère; nous le faisons pour les amener à se sentir mal à l'aise par rapport à leurs privilèges et à leur apathie. Nous ne protestons pas, nous *protégeons*. En agissant de manière directe mais non violente, nous ne combattons pas nos ennemis; en réalité, nous prions pour eux.

J'encourage sincèrement chacun d'entre vous
à devenir un guerrier exemplaire.
Instruisez-vous. Cherchez les connaissances nécessaires pour survivre
et prospérer en agissant de la bonne manière, et pour affronter
l'ignorance de ceux qui détruisent la nature. Confrontez-les
de telle manière qu'ils en viennent à comprendre qu'en détruisant
la Terre, en détruisant notre peuple, en ignorant continuellement
une philosophie et des enseignements qui ont permis à cette Terre
d'exister depuis le début des temps dans sa beauté naturelle,
ils finiront par se détruire eux-mêmes et toutes les formes de vie.

– LEONARD PELTIER, COMBATTANT POUR LA LIBERTÉ, ET PRISONNIER POLITIQUE DU GOUVERNEMENT AMÉRICAIN

Toute action menée pour le mieux-être de Grand-mère Terre fait de vous un guerrier de la Terre. Les vrais guerriers ne cherchent pas à envahir et occuper d'autres pays pour déstabiliser les gouvernements, ou à exploiter les terres pour le compte de politiciens corrompus et leurs cupides entreprises commanditaires. Ceux qui font cela ne sont pas des guerriers, ce ne sont que des mercenaires de l'oppression. Contrairement au soldat qui reçoit des ordres, le guerrier sait déjà ce qu'il doit faire, car il a été éduqué pour prendre soin des gens et de la Terre. Les vrais guerriers ne prennent pas, ils donnent. Ils ne détruisent pas, ils construisent. Ils ne maltraitent pas, ils prennent soin.

Ils ne blessent pas, ils guérissent. Ils ne tuent pas, ils préservent la vie. Être un guerrier signifie être au service de la famille, de la communauté et de Grand-mère Terre.

Un guerrier est prêt à tout sacrifier pour protéger son bien-être et celui des autres en affrontant l'ennemi. Un guerrier spirituel se bat non pas parce qu'il déteste les personnes qui se trouvent devant lui, mais par amour pour celles qui se tiennent derrière lui. Il n'est désormais plus acceptable de se plier à l'injustice, nous devons nous engager et sortir du rang. Nous devons nous mobiliser, monter en première ligne et passer à l'action.

Lorsque vous agissez en guerrier – lorsque vous faites face à l'ennemi –, il peut arriver un moment où vous perdez courage et où la peur commence à vouloir dominer la situation. Mais c'est souvent à ce moment-là que quelque chose d'extraordinaire se produit. Un guerrier, un esprit-cheval, va se manifester en vous et s'élancer en avant. Il est habité par le courage, mais il ne s'agit pas du courage qui vous a permis d'arriver où vous en êtes aujourd'hui. Ce type de courage est une énergie d'un tout autre niveau, plus authentique, plus sacrée et plus puissante. Cette qualité de courage vous donne la clarté nécessaire pour voir au-delà des illusions du monde dans lequel nous vivons. C'est un courage impénétrable et inébranlable. Ceux d'entre vous qui iront aussi loin expérimenteront alors la véritable liberté, et cette expérience est incomparable. Parlez-en à ceux qui ont combattu les nazis dans les années 1940 ou qui ont lutté contre l'apartheid en Afrique du Sud pendant plus de trois décennies, ou encore aux Freedom Riders qui ont dénoncé le racisme dans les années 1960. Interrogez les protecteurs de l'eau qui étaient en première ligne à Standing Rock en 2016, ou ceux qui protégeaient la population noire innocente contre les brutalités policières et les homicides lors des émeutes nationales en 2020. Ces guerriers savaient qu'en faisant ce qui était juste, ils risquaient de tout perdre ; mais ils sont désormais, et à jamais, imprégnés de ce courage supérieur. Se placer en première ligne et affronter l'injustice en face vous transformera à jamais.

Soyez courageux et n'ayez pas peur. Même si nous agissons de façon directe contre une injustice, cela ne signifie pas que nous nous battons, mais simplement que nous mettons nos prières en action. Nous ne devrions jamais nous retrouver un jour dans une position où il nous faudra nous excuser vis-à-vis des générations futures d'être restés les bras croisés pendant que des humains complètement déconnectés spirituellement mettaient le monde à feu et à sang pour satisfaire des intérêts politiques ou réaliser des profits financiers. Les sept générations futures chanteront des chansons sur les combats que nous avons menés pour elles par notre présence et nos prières. Lorsque tout semble désespéré, rien ne peut plus nous faire peur.

LA VOIE DU BISON

La nation du bison et les premières nations de l'île de la Tortue sont vouées à partager le même destin. Quand ceux de l'ancienne lignée du bison reviendront et se déploieront à travers le pays, alors la beauté, l'abondance et la guérison reviendront elles aussi.

– Doug Good Feather

La voie du bison concerne notre rapport avec les dons abondants que notre Grand-mère Terre nous offre chaque jour. Cette approche de la vie nous enseigne à ne prendre que ce dont nous avons besoin, et à utiliser tout ce que nous prenons.

C'est la nature même de Grand-mère Terre que d'être incroyablement généreuse. Son abondance est toujours, et partout, présente. Les limites ou les obstacles à l'abondance que nous rencontrons sont de notre propre fait. Lorsque nous nous trouvons dans une période de notre vie où nous éprouvons des difficultés ou manquons de quelque chose dont nous avons désespérément besoin, il est temps de nous rappeler qui nous sommes et quelle est notre place dans l'univers. Ne priez pas pour obtenir l'abondance ; priez pour que les obstacles qui vous empêchent de la voir tout autour de vous disparaissent de votre esprit et de votre cœur. L'abondance est quelque chose qu'il nous faut accueillir, et dont nous devons nous imprégner.

L'univers pourvoit à nos besoins de mille et une façons. Lorsque nous traversons des moments difficiles, nous avons tendance à oublier que tant de sacrifices ont été faits pour que nous puissions être ici aujourd'hui. Nous méritons d'être en paix, d'être heureux et de pouvoir naviguer en toute sécurité sur le cours des événements de la vie. Nous sommes profondément bénis. Nous devons simplement nous en souvenir, et nous rappeler comment ces bénédictions ont été obtenues.

L'HISTOIRE DU PEUPLE BISON

L'histoire se déroule au cœur de l'hiver. La lune était haute, et les arbres craquaient sous l'effet du froid. C'était bien avant l'arrivée de la femme bison blanc. Une petite famille souffrait de maladie et de famine et faisait face à une mort imminente. Tout semblait sans espoir, et la jeune mère réunit alors ses dernières forces et pria pour que le Créateur leur vienne en aide pour les sauver. Tandis qu'elle priait, un grand sommeil l'envahit, et elle se réveilla dans son rêve. Elle se tenait dans une prairie et vit une lumière dorée se diriger vers elle à travers les herbes ondulantes. Une voix qui n'était pas la sienne résonna à l'intérieur d'elle et lui transmit un message. Cela ne dura qu'un instant, mais il lui fut dit que son époux devait se rendre sur le lieu le plus élevé qu'il trouverait, et prier pour que le Grand Mystère ait pitié de leur famille. Puis elle se réveilla et se redressa d'un bond en prenant une grande respiration, son regard comme éclairé par cette révélation. Elle raconta à son mari le message qu'elle avait reçu, et ce qu'il devait faire.

Le jeune mari, bien qu'affamé et pratiquement mourant, partit sur-le-champ. Il faisait un froid glacial, mais il se rendit sur le lieu le plus élevé qu'il fut capable d'atteindre. Il invoqua le Créateur pour qu'il prenne en pitié sa famille et les aide à survivre. Tandis que l'homme priait de toutes les fibres de son être, une énorme tempête de neige se leva et se mit à tournoyer autour de lui ; il s'effondra sur le sol glacé. Réunissant ses dernières forces, le jeune père releva la tête au moment même où un éclatant rayon de lumière blanche transperça la tempête. L'homme crut que sa dernière heure était venue et que le Grand Esprit était venu le chercher. Mais la lumière se résorba sur elle-même et prit la forme d'un bison géant.

Le bison était majestueux. Il s'approcha de l'homme et l'observa longuement et silencieusement avant de s'adresser à lui : « Mon frère, le Créateur a entendu tes pleurs et m'a envoyé pour témoigner de ta souffrance. Je te vois, et tu n'es pas du tout équipé pour vivre sur cette Terre. » Le magnifique bison tourna lentement autour du jeune homme. « Je vois que tu as froid, mais ma fourrure est chaude. Je vois que tu es faible, mais je suis fort. » Le bison rapprocha sa tête du jeune homme. « Je vois que tes doigts sont délicats et ne peuvent pas creuser la terre pour trouver de la nourriture, mais moi je peux retourner le sol et briser la glace sans effort. »

Le bison releva sa tête imposante et, tandis que son souffle se mêlait à l'air hivernal, il regarda la vaste prairie en contrebas de la colline. « Avec ce corps, tu es voué à une mort certaine, si tu essaies de vivre sur cette Terre. » Le puissant bison se retourna vers l'homme. « Frère, je perçois ta souffrance et je comprends ton désir de vivre, alors écoute attentivement mes paroles. » Tandis que le bison lui parlait, la tempête commença à se calmer, et le ciel bleu apparut à travers les nuages. « Je te fais la promesse sacrée que nos deux nations demeureront unies jusqu'à la fin de nos jours. Toi et moi sommes désormais liés par-delà la chair et les os par les voies que connaît le Créateur. »

Le bison baissa sa tête massive et plaça son front contre celui de l'homme, et ils partagèrent leur souffle. « J'aiderai ta famille et toutes les familles qui viendront sur cette Terre après toi, jusqu'à la fin des temps. Je vous offrirai ma fourrure pour que vous puissiez vous réchauffer. Je vous offrirai ma chair pour que vous puissiez vous nourrir. Je vous offrirai mes os pour que vous puissiez fabriquer des outils pour creuser le sol, et des armes pour vous défendre. Observez ce que nous mangeons pour apprendre à vous nourrir et vous soigner. Observez comment nous parcourons ces terres, comment nous élevons nos enfants et comment nous vivons en communauté pour que votre nation à deux jambes puisse prospérer en se comportant avec dignité et avec respect les uns envers les autres. Notre peuple vous montrera comment vivre en harmonie avec Grand-mère Terre. »

Le bison fit un signe à l'homme avec sa tête pour lui signifier de se lever. « Je fais cette promesse au nom de tout mon peuple, la nation des grands bisons. Cependant, vous ne prendrez que ce dont vous avez besoin, et vous utiliserez tout ce que vous prendrez, et, après avoir reçu la bénédiction de notre alliance, vous remercierez le Créateur pour le cercle sacré de la vie. » L'homme se leva et suivit le bison dans la prairie en contrebas de la colline, puis retourna auprès de sa famille avec le cadeau et la promesse du peuple bison. Et il en fut ainsi, et il en est encore ainsi à ce jour.

HÁU, MITÁKUYE OYÁS'IŊ

Pour les tribus nomades indigènes des plaines du Nord, les Pté Oyáte – les peuples du bison –, les bisons offrent bien plus que des vêtements, de la nourriture, des outils, des cérémonies spirituelles, une médecine et un abri. Ils sont également des parents vénérables, sans qu'aucune distinction n'existe entre leur vie et celle de l'homme.

Le bison a appris aux peuples des premières nations à se nourrir et à se protéger mutuellement.

Lorsque les bisons sont attaqués, ils entrent en mode guerrier et forment un cercle tourné vers l'extérieur. Les plus forts du troupeau se placent à l'extérieur du cercle, et protègent ainsi les anciens, les jeunes et ceux qui sont incapables de se défendre. C'est un rempart vivant, composé de cornes et d'une force de vie phénoménale. Le bison mâle peut projeter un loup adulte à dix mètres de hauteur d'un seul coup de cornes. Lorsqu'un troupeau de bisons se déplace et que l'un d'entre eux est faible ou blessé, un groupe va l'accompagner pour qu'il ne se sente pas seul et vulnérable.

De nombreux enseignements du bison peuvent être intégrés dans notre vie; et l'un d'entre eux est d'être conscient des causes et des effets de nos actions quotidiennes. N'abandonnez jamais un guerrier derrière vous.

La consommation responsable

La consommation responsable est une notion utilisée de nos jours, qui renvoie à l'approche autochtone selon laquelle nous ne devons prendre que ce dont nous avons besoin, et utiliser tout ce que nous prenons. Cela signifie que nous devons nous montrer responsables et réfléchis, et comprendre parfaitement que ce que nous faisons et la manière dont nous le faisons aura un impact sur notre Terre-Mère. Suivre la voie de la pensée indigène, c'est être attentif et assumer l'entière responsabilité de notre mode de consommation personnel.

Cette responsabilité commence par faire attention à ce que nous consommons. Beaucoup d'entre nous n'ont que peu, voire aucune idée de la manière dont notre nourriture ou nos biens matériels arrivent jusqu'à nous, d'où ils viennent, comment ils sont cultivés ou fabriqués, où ils finissent, et qui ou quoi est derrière tout cela. En réalité, ce que nous considérons comme des déchets ou des ordures est une invention moderne qui résulte d'une déconnexion spirituelle de personnes qui ont rompu leur relation avec Grand-mère Terre.

Dans le passé, les peuples indigènes vivaient dans une logique circulaire: tout ce qu'ils récoltaient ou fabriquaient était réalisé avec beaucoup de considération, depuis l'idée de sa conception jusqu'au terme de son utilisation, son temps de repos et sa régénération. Aujourd'hui, la chaîne d'approvisionnement mondiale en denrées alimentaires et en biens matériels fonctionne de manière linéaire, ce qui signifie qu'il n'y a aucune considération pour le produit une fois qu'il a été vendu. C'est un acte d'une extrême négligence de la part des entreprises qui fabriquent des produits sans prendre en compte la gestion de la fin de vie de ces produits.

En réalité, beaucoup d'entreprises ne se contentent pas d'ignorer délibérément ce qu'il advient de leurs produits lorsqu'ils ne sont plus utilisables ; elles vont jusqu'à planifier leur défaillance et leur obsolescence. Elles font cela intentionnellement, afin que leurs produits s'usent ou se cassent prématurément, ce qui nous oblige à les remplacer et permet aux entreprises de maintenir les ventes sur le long terme. La démarche zéro déchet est une approche qui ne consiste pas à ne rien produire ou consommer, mais à le faire de manière intentionnelle et réfléchie, en évitant tout gaspillage.

Lorsque nous voyons des entreprises et des dirigeants pratiquer l'obsolescence programmée, la meilleure façon de les aider à adopter de meilleures résolutions et à changer leurs pratiques est le choix que nous faisons concernant les produits que nous achetons et les services que nous utilisons. Lorsque nous voyons qu'une entreprise exerce ses activités avec bonne volonté, dans un souci de qualité et avec une réelle conscience de son rôle dans la chaîne d'approvisionnement des produits qu'elle propose, nous devons reconnaître et soutenir ses efforts. En louant et en soutenant les bonnes initiatives, nous encourageons une réorientation immédiate des mauvaises pratiques des entreprises.

Nous pouvons commencer par arrêter d'acheter des aliments toxiques et faire notre possible pour n'acheter que des produits cultivés naturellement et provenant d'agriculteurs locaux. Si votre épicerie du coin ne propose pas ce type de produits en quantité suffisante, demandez-lui de le faire. Les commerçants ont à cœur de répondre à la demande du consommateur. Ce sont les gens qui indiquent aux entreprises comment elles doivent agir et se développer, en se basant sur les achats qu'ils effectuent. Informez-vous pour connaître les entreprises qui soutiennent des valeurs auxquelles vous adhérez, vous saurez alors lesquelles choisir pour dépenser votre argent. Tout ce que vous achetez, tout ce que vous regardez, tout ce que vous lisez, tout fait appel à votre consommation responsable.

Nos déchets ont une histoire

Si nos déchets pouvaient nous raconter leur histoire, elle évoquerait ce que les humains valorisent – ou, plutôt, ce qu'ils *dévalorisent.*

Mais imaginez que nous produisions tous moins de déchets. Imaginez que nous soyons plus ingénieux, plus économes et davantage tournés vers la communauté. Imaginez que nous donnions aux entreprises et aux fabricants une bonne raison de modifier leurs emballages et de recycler leurs produits après leur date d'expiration.

Chacun d'entre nous peut considérablement réduire ses déchets. Chacun d'entre nous peut reconsidérer ce qu'il consomme. Même le simple fait de refuser une paille en plastique dans un restaurant ou d'apporter notre propre tasse dans un café peut contribuer à changer les choses. Par ailleurs, et ce point est très important, nous devons refuser tout article en plastique à usage unique. Que pouvons-nous utiliser à la place ? Du chanvre. Grand-mère Terre nous a offert le chanvre comme plante suprême. Le chanvre est naturel, non synthétique, et peut nous permettre de guérir notre dépendance au pétrole et à d'autres produits nocifs ou de mauvaise qualité. Nous devrions tous favoriser le chanvre comme matière première pour les produits, les aliments, les carburants, les fibres, les médicaments et les matériaux de construction. La libre utilisation du chanvre est le fer de lance dans les combats menés par de nombreux mouvements humanitaires et environnementaux. En tant que consommateurs, nous pouvons tous encourager les agriculteurs à cultiver du chanvre, et contribuer ainsi à une consommation responsable.

Ces petits efforts sont-ils insuffisants et tardifs ? Non ! Les petites actions peuvent conduire à de grands changements. Nous ne savons jamais qui nous allons inspirer à se lever pour mener sa propre (r)évolution contre une ou plusieurs des nombreuses injustices auxquelles nous sommes confrontés en tant que famille unie.

ACTIVATION SPIRITUELLE : *MAKȞÁ WÓWAŠ'AKE* – ÉNERGIE DE LA TERRE

Chaque être sensible sur Terre possède sa propre force vitale, et toute force vitale connaît une période active et une période de repos. Faire le tour du cycle sacré de la vie fait partie du chemin que parcourent tous les êtres. Il y a une raison pour laquelle nous ne perturbons pas la force vitale d'un être lorsque son esprit a quitté ce monde et que ses restes sont en état de repos. Nous savons intrinsèquement que déterrer nos êtres chers de leurs tombes est la pire des mauvaises médecines. Lorsque nous perturbons l'harmonie naturelle de Grand-mère Terre en déterrant ses restes – son pétrole, son gaz et ses minerais –, nous provoquons un déséquilibre qui finira par se manifester par des souffrances, des maladies, la mort et la destruction.

Nous sommes tous des dépendants passifs du pétrole, et nous devons accepter la responsabilité de ce constat. Nous devons assurer collectivement la transition de nos besoins énergétiques en abandonnant les combustibles fossiles polluants au profit de sources d'énergies renouvelables. La plus grande menace pour notre planète est l'apathie. Beaucoup de gens pensent qu'un groupe de scientifiques est certainement en train de travailler quelque part, jour et nuit, dans un laboratoire secret pour sauver la planète. Soyons réalistes. Personne ne va nous sauver de nous-mêmes. Il n'y a pas « quelqu'un d'autre » qui va s'occuper de nos déchets et de la crise climatique. Nous sommes ceux que nous avons attendus, et nous sommes les seuls à pouvoir faire quelque chose pour remédier à la situation.

Les éléments naturels ne sont pas là à attendre que l'homme vienne les extraire – qui plus est, de manière aussi destructrice – pour en faire des ressources rentables ; ils remplissent d'autres rôles pour Grand-mère Terre. Lorsque les humains sont déconnectés des principes de Terre-Mère, ils commettent toutes sortes d'atrocités par ignorance, comme lorsqu'ils pensent que construire des barrages ou détourner l'eau pour contrôler ou bloquer les canaux d'énergie indispensables à la vie est une bonne idée. Tant de souffrance résulte du fait que des humains ignorants tentent de contrôler l'énergie sacrée de l'eau.

Prenez un instant pour y réfléchir. Bloquer les voies de migration de nos frères-saumons engendre des déséquilibres et des souffrances en cascade dans de nombreux écosystèmes. Nous devons œuvrer avec l'énergie des éléments naturels, et non pas contre elle. Un barrage n'est pas la seule solution pour exploiter l'énergie de l'eau. Si un endroit spécifique ne dispose pas de sources permettant d'alimenter une ville en eau, alors nous ne devons pas y construire une ville. Si une montagne est sacrée et qu'aucun humain ne doit construire dessus, alors nous ne devons rien y bâtir. Ce sont des principes simples qui ont été rendus compliqués par des humains qui ignorent tout de l'esprit de la Terre.

L'intelligence spirituelle nous dit que nous n'avons pas besoin d'extraire des combustibles fossiles qui nous sont néfastes pour produire de l'énergie. Pour trouver des solutions, il suffit de suivre et respecter l'approche indigène et ses saines coutumes : le cercle sacré de la vie, la roue de médecine, les principes de la médecine et de l'esprit, et les quatre directions sacrées.

Alors, d'où vient l'énergie renouvelable illimitée ?

EST : l'énergie solaire – le Soleil

SUD : l'énergie éolienne – l'Air

OUEST : l'énergie hydraulique – l'Eau

NORD : géothermie et biocarburants – la Terre

Nous connaissons maintenant plusieurs façons d'aider à ramener l'harmonie et l'équilibre en suivant les voies spirituelles de Grand-mère Terre. Elle nous offre l'abondance, et nous devons recevoir celle-ci de manière responsable. Le moyen le plus simple d'y parvenir est de faire preuve de gentillesse, d'attention, de conscience et d'intelligence spirituelle dans tous les choix que nous faisons, y compris dans nos activités quotidiennes les plus courantes.

De la pensée linéaire à la pensée circulaire

La pensée linéaire consiste à partir du point A (produit) pour aller au point B (profit). La pensée circulaire consiste à pousser ce processus plus loin, jusqu'à revenir au point de départ. Du point A au point B, et ensuite ? Que deviennent nos déchets ? Que se passe-t-il lorsque nous fabriquons des choses avec l'intention qu'elles deviennent obsolètes ? Que se passe-t-il au bout de cette pensée linéaire ? Lorsque nous suivons la voie de la pensée indigène, les réponses à ces questions délicates deviennent claires.

La pensée circulaire reflète les principes fondamentaux des systèmes de la nature concernant notre alimentation et nos biens matériels. Elle contribue à la santé et au bien-être de nos communautés, à la façon dont nous cultivons les aliments que nous consommons, dont nous soutenons les personnes qui produisent ce que nous utilisons, et dont nous gérons, en conscience, les ressources de Grand-mère Terre. La pensée circulaire représente un état d'esprit et un mode de vie qui respectent et reflètent la façon dont Grand-mère Terre crée, utilise, nourrit, régénère et équilibre ses systèmes naturels interconnectés.

Cette approche circulaire, comme celle de la Roue de médecine, permet également de mettre en lumière des sujets souvent négligés, tels que notre utilisation abusive des ressources, l'impact de notre culture du tout jetable sur l'environnement, et la nécessité de simplifier nos besoins et nos désirs pour redonner de la valeur à nos communautés. L'objectif est de favoriser des échanges sur la consommation responsable, de nous inspirer les uns des autres et de donner l'exemple. Chacun d'entre nous peut se réapproprier son pouvoir et réduire volontairement ses déchets. Nous en ressentons alors les effets bénéfiques : nous ralentissons, nous simplifions notre vie trépidante, et nous redonnons du sens et de la valeur à nos biens, à nos communautés et à notre environnement.

Il y a un dicton bien connu qui dit : « Sois le changement que tu veux voir dans le monde », qui, bien qu'il soit extrêmement simple, véhicule cependant un message très clair : nos modes de vie, nos habitudes et nos actions sont l'origine de ce changement.

Rien ne s'est jamais produit de soi-même sans le dévouement individuel et constant de nombreuses personnes œuvrant selon leurs convictions. Le monde que nous souhaitons – que j'imagine pacifique, tolérant, compatissant, équilibré et sage – ne pourra exister que si nous devenons ce que nous voulons y voir.

– Andrea Sanders, fondatrice du mouvement Biomindfulness

C'est à nous qu'il revient de réaliser ce changement. Nous devons nous ouvrir à quelque chose de nouveau, nous éloigner du brouhaha, des étiquettes et des cases, afin de réaliser quelque chose de plus grand que nous. Vivre un mode de vie circulaire consiste à imiter la nature, c'est-à-dire vivre en accord avec les systèmes naturels de la Terre. Cela commence par avoir le sens de la valeur des choses, de la communauté, de la responsabilité, de l'appartenance et de la simplicité qui, en imprégnant nos vies, tisse la trame de nos communautés et de notre culture.

Être attentif à notre consommation ne signifie pas atteindre un degré de perfection « zéro déchet », ni ajouter des tâches supplémentaires à notre quotidien déjà bien rempli. La consommation responsable est notre façon de nous engager vis-à-vis de nous-mêmes et de Grand-mère Terre.

LA VOIE DE LA COMMUNAUTÉ

Tu veux être fort ?
Tu veux être un guerrier ?
Tu veux être invincible ?
Alors dévoile ton cœur au monde entier.

– Doug Good Feather

Pour les cultures indigènes, il est important de reconnaître et d'honorer l'identité unique de chacun. Ces cultures soutiennent collectivement la valeur distincte de chaque personne et sa contribution particulière à la communauté. Cela résulte d'un mode de pensée selon lequel tout le monde est important, car tout le monde a quelque chose à enseigner. Nous devons encourager les autres à trouver leur vocation et le rôle qu'ils sont le plus à même de jouer. Nous ne devons juger personne, car nous n'avons aucune idée des tempêtes que le Créateur a voulues qu'une personne traverse. Cependant, tenir quelqu'un pour responsable d'avoir délibérément compromis ses valeurs morales n'est pas le juger ; c'est lui demander de rendre compte de son comportement au sein de la famille unie.

Il peut s'avérer frustrant d'essayer de trouver une communauté qui correspond à ce que nous sommes, sans parler du rôle que nous avons à jouer. Malheureusement, le monde actuel nous incite à nous envier les uns les autres. Si une personne est meilleure que nous dans un domaine, il peut nous arriver de la jalouser un peu, mais n'oublions pas qu'elle n'a pas forcément été dotée de cette compétence ou de ce talent de façon innée. Il est possible qu'elle ait dû travailler dur pour les acquérir et exceller dans son domaine. Si vous convoitez les talents artistiques d'une autre personne, par exemple en chant ou en peinture, vous risquez de passer à côté de vos propres aptitudes et talents. La solution consiste à ne pas nourrir la rivalité et à ne pas vous forcer à jouer un rôle qui ne vous est pas naturel. Trouvez ce qui vous passionne, ce que vous êtes naturellement enclin à faire, et développez vos compétences jusqu'à exceller dans votre propre domaine. Votre rôle sera reconnu et respecté tout autant que celui des autres.

On parle de « culture » lorsque les membres d'une communauté partagent un même système de valeurs et des objectifs communs, et que tout le monde coopère dans l'intérêt supérieur de la communauté.

L'impact collectif

L'impact collectif est un savoir ancestral selon lequel le nombre fait la force. Il existe un proverbe indigène qui dit qu'une seule branche de saule est faible, mais que la force de nombreuses branches rend le saule indestructible. Lorsque nous unissons nos cœurs et nos esprits, nous pouvons presque tout accomplir.

Trouvez votre communauté

Lorsque nous commençons à suivre la pensée indigène et à développer notre spiritualité, chaque nouveau palier de compréhension et de conscientisation engendre une nouvelle version de nous-mêmes. Nous devons être conscients que ces nouvelles compréhensions et prises de conscience au niveau spirituel peuvent entraîner un profond sentiment d'insatisfaction à l'égard de notre situation professionnelle actuelle, de nos propres habitudes, de notre style de vie ou de nos conditions matérielles. À mesure que nous évoluons sur le plan spirituel, nos relations avec nos amis, notre famille, nos collègues de travail et notre partenaire ou conjoint changent également. Le nouvel état d'esprit dans lequel vous vous trouvez peut provoquer des incompréhensions chez certaines personnes de votre entourage qui auront du mal à comprendre les changements qui s'opèrent en vous et dans votre vie. Lorsque vous avez suffisamment confiance en vous pour vous aimer et faire ce qui est le mieux pour vous, votre vie s'en trouve transformée. Cependant, tout le monde ne sera pas en mesure de le comprendre, dans la mesure où ce que vous faites est complètement nouveau. Comme nous le savons, toute action entraîne une réaction, et tout le monde n'appréciera pas ces changements. Cependant, il est essentiel de nous honorer nous-mêmes, d'honorer le temps que nous avons consacré à notre chemin spirituel, à développer notre conscience de soi, à nous améliorer, et à approfondir notre connexion avec la vie et ce monde. La perte d'une relation est bien peu de chose en comparaison avec la perte de notre esprit.

Nous devons nous rappeler que, même si nous développons notre conscience spirituelle et notre compréhension personnelle, nous ne pouvons pas forcer les autres à résonner avec des connaissances qu'ils ne sont pas encore prêts à recevoir. Il existe un proverbe autochtone qui dit: « Il est vain de chercher à communiquer dans le langage des papillons avec le peuple des chenilles. » Il peut s'avérer difficile de maintenir une connexion intime avec les personnes de notre entourage qui n'ont pas vécu le profond niveau de conscience et de connexion avec le Grand Esprit que nous expérimentons. Il est important de garder à l'esprit que quelqu'un ne peut se connecter avec vous qu'au niveau où il est connecté avec lui-même. Il peut parfois arriver que le Créateur nous fasse prendre une autre direction dans notre vie et que notre évolution nous amène à nous éloigner de certaines personnes. Cela fait partie du chemin de l'éveil.

Mais, au cours de cet éveil, lorsque nous commençons à nous détacher de certaines personnes, de certaines situations, ou de certains aspects conventionnels de notre vie, il est fréquent que nous nous sentions frustrés, isolés et seuls. C'est pourquoi il est important de rechercher des personnes dont le parcours est similaire au nôtre. Il nous faut identifier notre communauté, à savoir des personnes qui partagent les mêmes idées que nous, rechercher leur soutien spirituel et partager leurs enseignements et leurs pratiques. Ainsi, nous pourrons continuer à développer notre connexion avec l'Esprit, à nous réaliser sur le plan spirituel et à mettre notre enthousiasme et nos objectifs au service de Grand-mère Terre.

Le foyer, plus qu'un lieu physique, un état d'être

La Scandinavie est une région d'Europe du Nord composée de plusieurs pays dont les populations autochtones ont une culture très riche. L'histoire du paganisme remonte aux civilisations les plus anciennes que nous connaissons. Les peuples des pays nordiques vivent des conditions hivernales parmi les plus extrêmes de la planète. Le soleil est rarement présent pour rompre la monotonie de leurs longs hivers froids – cependant, on y trouve aussi une certaine beauté mystique lorsque la terre rentre dans son profond sommeil hivernal.

Les gens qui vivent dans ces régions ont su trouver la joie et le bien-être dans des conditions que ceux qui vivent plus au sud trouveraient insupportables. Ils ont compris que leur foyer n'est pas tant un lieu physique, mais davantage un *état d'être*. Les Danois et les Norvégiens utilisent un mot qui évoque cet état d'être, ce sentiment de « se sentir chez soi » : *hygge* (prononcé « hoo-guh »). *Hygge* ne peut être traduit dans une autre langue par un mot précis, mais il désigne fondamentalement un mélange de confort, d'intimité, de soutien, de parenté, de bonheur et de simplicité. Hygge est l'art de favoriser l'intimité dans nos espaces sacrés, notamment notre foyer et notre communauté.

Hygge ne représente pas un style de vie particulier, ni quelque chose qui s'achète – c'est une façon de transformer son mode de vie en une forme d'art. Hygge, c'est la joie toute simple d'un repas préparé à la maison et partagé avec des amis autour d'une table, c'est prendre le temps de boire une tasse de thé à la menthe au coin du feu, c'est se blottir contre un être cher en parlant des belles choses de la vie. C'est vivre la vie en conscience et honorer les petites choses qui font qu'elle vaut la peine d'être vécue et que nous en garderons des souvenirs précieux.

Hygge représente également la guérison. Pour être efficaces dans nos communautés et dans le monde, nous devons nous assurer d'œuvrer à notre propre guérison avant d'essayer d'aider ou de guérir les autres. Comme je le dis souvent, pour guérir la Terre, nous devons nous guérir les uns les autres ; mais, pour nous guérir les uns les autres, nous devons commencer par nous guérir nous-mêmes. Plus que jamais, il est essentiel de créer un sentiment de confort, de sécurité, de bien-être et d'intimité dans nos foyers et nos communautés.

Vivre au sein d'une communauté

Pour faire pleinement partie d'une communauté, nous devons abandonner le mantra du monde actuel : « Qu'est-ce que ça me rapporte ? » et nous concentrer sur le bien-être collectif. Chaque membre de la communauté doit avoir profondément conscience de sa propre identité, sans être égocentrique, égoïste ou intéressé.

Il est important de développer des racines profondes au sein de notre communauté, ce qui signifie que nous devons aller au fond de nous-mêmes et respecter notre engagement à suivre la voie spirituelle qui est la nôtre.

Pour former une famille, il n'est pas nécessaire d'être lié par le sang ou par le mariage. Être une famille signifie simplement que nous partageons un objectif commun et que nous sommes dévoués à une mission commune. Les Lakotas utilisent le mot *thiyóšpaye* pour désigner notre famille élargie. Les membres d'une famille sont présents les uns pour les autres, se témoignant réciproquement une profonde compréhension et un amour inconditionnel. Nous nous protégeons mutuellement, nous nous relayons là où l'autre s'arrête, et nous sommes forts les uns pour les autres lorsque certains sont affaiblis.

Cependant, nous sommes humains, aussi arrive-t-il parfois que nous voulions contrôler les autres en posant des conditions à notre amour ou que nous ne soyons pas suffisamment compréhensifs vis-à-vis des autres. Ces situations sont toutefois des occasions de rappeler à notre famille le vrai sens des mots *inconditionnel* et *compréhensif*. Il n'est pas attendu de nous que nous soyons parfaits, mais nous sommes ici pour faire de notre mieux pour aimer de façon inconditionnelle. Cependant, *inconditionnel* ne signifie pas l'absence de limites salutaires. Devenir une famille prend du temps ; aussi, soyez patient avec vous-même et avec les autres en honorant le processus permettant de devenir une famille.

Offrir un espace bienveillant

Offrir un espace bienveillant signifie être pleinement présent émotionnellement et énergétiquement pour quelqu'un. Un enseignant spirituel va, par exemple, nous offrir un espace bienveillant pour nous permettre de nous souvenir de ce que nous avons toujours su, mais que nous avons oublié. Nous n'avons, bien sûr, pas besoin d'être un enseignant spirituel pour offrir cet espace bienveillant. Nous pouvons être pleinement présents pour l'autre en l'écoutant activement et en observant sa situation sans jugement. Nous pouvons également faire savoir à une personne que nous sommes à ses côtés, même si nous nous trouvons à des milliers de kilomètres. Dans le monde entier, des personnes sont détenues comme prisonniers politiques, et des combattants se tiennent sur la ligne de front pour défendre Grand-mère Terre contre les gouvernements et les entreprises. Plus près de nous, nous avons peut-être un proche qui est en train de mourir à l'hôpital des suites d'un cancer, ou un ami qui vit un deuil ou une rupture amoureuse. C'est à ces personnes que nous offrons un espace bienveillant.

Pour être efficaces, nous ne pouvons pas nous contenter d'offrir cet espace de manière occasionnelle, nous devons le faire de façon régulière. Le simple fait d'offrir notre *présence* solidaire se révèle souvent plus utile pour soutenir les autres dans les moments difficiles que tout ce que nous pourrions dire ou faire.

En anglais, le mot *community* renvoie à la communication et à l'unité. C'est en nous honorant les uns les autres que nous nous guérissons mutuellement.

L'ACTIVATION SPIRITUELLE : *ÁYA IGLÚHA* – DEVENIR SOUVERAIN

Lorsque nous suivons la voie de la communauté, le mot *souverain* a deux significations. Pour être un membre actif et à part entière de votre communauté, vous devez être souverain au sein de celle-ci, ce qui signifie que vous devez être autonome et fiable. Vous avez certainement déjà vécu une situation où vous avez croisé une personne qui rencontrait des difficultés, par exemple quelqu'un qui avait du mal à déménager un canapé dans son appartement, ou une mère de famille qui n'arrivait pas à monter les escaliers ou à franchir une porte avec sa poussette. Faire partie d'une communauté consiste à apporter spontanément son aide aux autres, même s'il s'agit de personnes que l'on ne reverra jamais. Mais c'est également savoir être responsable en vous assurant que, lorsque ce sera votre tour de devoir déménager un canapé, vous aurez demandé à l'avance à des amis de vous aider, et que vous n'aurez pas besoin de déranger des gens de façon impromptue. Chacun d'entre nous doit être présent à sa façon pour faire pleinement partie de l'ensemble. Nous sommes tous aussi importants les uns que les autres. Le terme hawaïen pour exprimer cela est *kuleana,* qui peut se traduire par « responsabilité » : vous avez la responsabilité d'aider les autres, mais aussi celle de vous aider vous-même.

Nous sommes faits pour vivre en communauté ; sans la compagnie des autres, il est dans notre nature humaine de nous sentir isolés. Cependant, trouver des personnes avec lesquelles vous vous sentez proche n'est parfois pas si simple. Bien souvent, non seulement nous ne prêtons pas main-forte lorsqu'il faut déménager un canapé, mais nous faisons même semblant de ne pas reconnaître nos voisins lorsque nous les croisons dans la rue. Trop souvent, nous ignorons l'existence de ceux qui, selon nous, ne peuvent nous être d'aucune utilité. Nous devons sortir de ce conditionnement et interagir avec les autres, même s'ils feignent de ne pas nous remarquer. Un monde meilleur se construit avec des communautés de personnes qui partagent le même état d'esprit et qui œuvrent ensemble pour le bien de tous.

Votre communauté ne se limite pas à vos amis et à votre famille, elle englobe tous ceux avec qui vous interagissez dans vos différents cercles communautaires : les personnes qui vivent au même étage que vous dans votre immeuble, vos voisins dans l'impasse où vous habitez, ou vos collègues de bureau.

Lorsque nous avons trouvé notre communauté, nous pouvons alors nous appliquer à devenir souverains en vivant, en travaillant et en nous amusant avec cette même approche circulaire. Mon voisin a des poivrons, et j'ai des œufs que nous pouvons échanger. L'adolescente qui vit de l'autre côté de la rue peut aider une mamie du quartier à communiquer par vidéo avec ses petits-enfants, qui elle-même peut aller chercher les enfants de son voisin à l'école lorsqu'il doit rentrer tard du travail. Nous sommes plus forts ensemble que séparés – ensemble, nous sommes souverains et autosuffisants. Telle est la voie de la communauté.

ALLER DE L'AVANT

Vous êtes parvenu jusqu'ici sur le chemin de ces enseignements. Y a-t-il eu pour vous un moment révélateur ? Qu'est-ce qui vous a interpellé le plus profondément ? Qu'est-ce qui a suscité en vous l'envie d'être désormais assez audacieux pour vivre une vie plus heureuse, plus forte, plus connectée, plus autonome ? Qu'est-ce que vous n'oublierez jamais ? C'est en partageant les choses, en en parlant et en les mettant en œuvre, qu'elles deviennent réelles. Venez nous en parler ici :

www.lakotaway.org

Chaque fois que nous acceptons de porter un nouveau regard sur nous-mêmes, nous grandissons. Avez-vous le sentiment d'avoir grandi ? En quoi vous sentez-vous différent ? Qu'avez-vous appris qui vous a permis d'ouvrir davantage votre conscience ? Nous aimerions vraiment le savoir, afin d'en apprendre davantage sur vous et de pouvoir vous soutenir sur votre chemin, tout en poursuivant le nôtre. Nous sommes tous des enseignants les uns pour les autres ; et nous avons tous à apprendre les uns des autres.

La vie n'est pas toujours facile, mais chaque épreuve vous offre un enseignement. Il y aura toujours des situations et des personnes qui vous mettront au défi ou qui vous causeront des problèmes. Elles apparaissent dans votre vie comme des enseignants. Posez-vous la question : qu'est-ce que cette épreuve cherche à m'enseigner ?

Une fois que vous savez reconnaître que toute situation que vous expérimentez est un enseignement, il est beaucoup plus facile d'aller de l'avant. Servez-vous des méthodes et des outils que nous avons partagés pour surmonter vos défis et vos problèmes ; découvrez ce qu'ils cherchent à vous enseigner, puis intégrez ce que vous avez compris dans votre vie.

Nous vous souhaitons de poursuivre cette aventure en mettant en pratique ce que vous avez appris et en appliquant ces principes dans votre vie quotidienne.

De quelle façon ?

Tout commence à l'intérieur de vous.

Donc, premièrement, prenez une décision et engagez-vous.

Deuxièmement : trouvez une cause à défendre et mobilisez-vous. Avez-vous été témoin de quelque chose qui, selon vous, est néfaste ou destructeur ? Analysez les choses puis intégrez ce que vous avez compris dans votre vie. Recommencez l'histoire, vivez-la, agissez. *Être un guerrier spirituel est un mode de vie.*

Troisièmement : trouvez votre communauté. Tendez la main à ceux qui vous entourent, tissez des liens, et trouvez les personnes qui vous soutiendront dans votre croissance et qui évolueront avec vous.

Nous formons un seul peuple, une seule nation, nous sommes tous originaires de notre Terre-Mère. Et, pour que notre vie soit plus belle, il nous faut tous être unis.

Avec amour,

Doug Good Feather

Háu, mitákuye oyás'iŋ

REMERCIEMENTS

Tout d'abord, je remercie humblement le Créateur et Terre-Mère de m'avoir accordé cette vie et ces épreuves sans lesquelles ce livre n'aurait jamais vu le jour.

Je tiens à exprimer mes remerciements et ma gratitude à mes aînés qui m'ont montré la voie ; ils m'en ont fait découvrir le véritable sens. Que ce soit sur le plan spirituel ou scientifique, ce sont eux qui m'ont transmis tout ce que j'ai appris et que j'enseigne désormais à mon tour. Felix Kills Pretty Enemy et Noah Has Horns m'ont offert leur temps, leur patience, leurs enseignements et leur amour inconditionnel. C'est en toute humilité que je leur témoigne ma profonde et sincère gratitude pour mon assise dans ce monde.

Je voudrais aussi exprimer humblement ma gratitude éternelle à Oley Little Eagle et Madeline Kills Pretty Enemy Little Eagle pour m'avoir enseigné les lois de la nature, à chanter et à travailler dur. Ils m'ont élevé dans l'ancienne tradition, celle de la rigueur dans le travail et de l'honnêteté en toutes choses. Madeline était la matriarche de notre famille et nous a enseigné les coutumes et traditions de notre peuple. C'était une femme forte et sage qui m'a appris à respecter les femmes comme étant la tête du foyer et la colonne vertébrale du peuple. Oley était un père extraordinaire, un compositeur et un orateur parlant couramment le lakota, c'est lui qui m'a appris nos chants traditionnels. De son vivant, chaque fois que je rentrais chez moi, il était le premier à qui je rendais visite. Il m'accueillait toujours avec un chant de bienvenue, puis nous chantions ensemble. Je pense à lui chaque fois que je chante, et je le ferai jusqu'à la fin de mes jours. Tous deux me manquent énormément, mais ils m'ont offert un immense cadeau, celui de nos coutumes et de notre langue traditionnelle pour que notre peuple vive à jamais.

Doug Red Hail Pineda, Amy Star Speaker, et tous ceux qui m'ont aidé à transcrire ces idées d'une façon beaucoup plus intelligible que mon simple esprit n'aurait pu le faire, je vous suis humblement reconnaissant pour votre dévouement et l'ouverture dont vous avez fait preuve vis-à-vis de ces enseignements. Vous avez permis que ce livre devienne une réalité. Merci.

— Doug Good Feather

Ma mère, Lucy Pineda, m'a appris que l'une des formes d'intelligence les plus élevées dont je pouvais faire preuve était la capacité de remettre en question ce que je crois être vrai. Je me sens profondément humble et reconnaissant pour sa sagesse. Mon père, Dan Pineda, était le septième fils d'un septième fils, et de loin l'être humain le plus authentique et le plus honnête que j'aie jamais connu. Je me sens profondément honoré d'être son fils, et tellement reconnaissant d'avoir pu côtoyer quelqu'un dont les actes étaient réellement en accord avec ses paroles. Ce sont les leçons que mes parents m'ont enseignées sur la vérité qui m'ont mis sur la voie spirituelle et m'ont donné la possibilité d'apporter mon aide à l'écriture de ce livre. La recherche de la vérité vous rendra humble de bien des manières inattendues. Je vous souhaite à tous un chemin clair et un bon voyage dans la quête de votre vérité.

Mitákuye oyás'iŋ

— Doug Red Hail Pineda

À PROPOS DE L'AUTEUR

Doug Good Feather est un Amérindien lakota de pure souche, né et élevé dans le respect des traditions de ses aînés sur la réserve indienne de Standing Rock, dans le Dakota du Sud. Descendant direct de Grand-père Chef Sitting Bull, il est directeur exécutif et chef spirituel de Lakota Way dans le Colorado et cofondateur de Spirit Horse Nation. Vous pouvez visiter le Lakota Way Healing Center en ligne à cette adresse: lakotaway.org.

Achevé d'imprimer en mars 2022
sur les presses de la Nouvelle Imprimerie Laballery
58500 Clamecy
Dépôt légal : mars 2022
N° d'impression : 202331

Imprimé en France

La Nouvelle Imprimerie Laballery est titulaire de la marque Imprim'Vert®

Composition : Soft Office